Verdi ist der Mozart Wagners

Ein Opernführer
für Versierte und Versehrte

Eckhard Henscheid
Chlodwig Poth
über Oper

Verdi ist der Mozart Wagners

Ein Opernführer
für Versierte und Versehrte

Mit Gastbeiträgen
von Bernd Eilert, Robert Gernhardt
und Herbert Rosendorfer

Edition Guido Baumann
Im Verlag C. J. Bucher
Luzern und Frankfurt/M

Herausgeber: Guido Baumann
Lektorat: Heribert Däschlein
Umschlag: Arnold Imhof

Printed in Switzerland
ISBN 3 7658 0294 8

Gewidmet Anne Daniel,
die immer die Eintrittskarten
besorgte

Inhalt

Die Titel der Comic strips
von Chlodwig Poth
sind kursiv gesetzt

7 Oper — was ist das? Und: Was die Autoren wollen
9 Flandern — pro und contra
11 Seine Nobilität, der Landedelmann Don Ottavio
12 *Die Nacht, der wir die »Zauberflöte« verdanken*
23 Das »Ohimè« oder »Ahimè«
29 Definitionen
30 *Ein Zwischenfall bei der »Rheingold«-Probe*
32 Das dreizehnte »Addio« war tödlich
43 Drei Anekdoten
44 *Ein sehr, sehr menschlicher Zug eines Genies*
46 Io t'amo — je t'aime — ich liebe dich
52 Der Platten-Tip
53 Schöne Seelen, sehr konfus
68 Rekorde, Rekorde
70 *Ein ganz gewöhnlicher Tag im Leben des Giacomo Meyerbeer*
72 Warum stumm?
73 Tips für anspruchsvolle Nerven
75 Ein beknackter Kacker
76 *Wie sich Cosima einmal in Richards Intimsphäre einmischte*
79 Verdi und die Gemütlichkeit
94 Puccinis »Händchen« und »Äuglein«
96 *Alltag eines Veristen*
101 Sphinx Kaskade
109 Eine kleine Opern-Geographie
110 *Warum Gustav Mahler keine Oper komponiert hat*
114 »Questa poi la conosco pur troppo«
118 *Eine unheimliche Begegnung des Friedrich von Flotow*
132 Väter? Pfui Teufel!
134 *Ein Ehestreit bei Humperdincks*
136 Opern-Intelligenzquiz

137 Stimmen von oben
140 *Ein bewährter Trick des Richard Strauss*
144 Top-Don Giovanni
146 Hoch lebe Alwin Schönberg!
154 Herzklopfen
156 Nachrichten
156 Vor-Torschluß-Überlegung
157 Das letzte Schnauferl
158 *Ein Nachmittag bei König Ludwig*
161 Meine Lieblings-Opernschnarcher
163 Was noch zu tun bleibt . . .

165 Werkregister

Oper — was ist das? Und: Was die Autoren wollen

Oper — was ist das? Was meint das? Was soll das?
Eine Wiedergeburt der antiken Tragödie, wie ihre frühesten Schöpfer oder doch Pioniere, die florentinischen Musici Giulio Caccini und Jacopo Peri sowie der Poet Rinuccini, mit ihrer »Oper« »Dafne« aus dem Jahre 1594 wähnten? Hochgezüchteter Krach, wie einige Besserwisser aus dem Lager derer, die schon immer alles besser wußten, hartnäckig polemisieren? Die bislang einzig gelungene Gestalt des »Gesamtkunstwerks«: der (fast) paritätischen Mitbestimmung der drei klassischen Kunst-Kommunikationsformen Musik, Sprache, Bild in Richtung auf eine *unio mystica* vorkarajanischen Größenwahns aus der *visio beata* des nachmaligen Richard Wagner? Ein Archetypus der — zumindest okzidentalen — Humanitas? Geistesverwirrung? Der Himmel auf Erden? Volksverhetzung?
Dies alles, fraglos — und noch viel mehr oder weniger. Jeder Opernführer stellt die gleichen Fragen, liefert die gleichen halbseidenen Antworten. Klärung tut heute entschieden not; Klärung, Aufklärung und jene unerschrockene Unverdrossenheit des interpretatorischen Neuansatzes, die Egmonts Klärchen so grundsympathisch macht — über seinen Schöpfer hinaus, der immerhin dies zur Wesenserklärung der Oper beitrug: Im »Moses« Rossinis »soll man nicht beten. Dies ist sehr unpassend!« (am 7. 10. 1828 zu Eckermann).
Zurück zur Aufklärung, zum Engagement mithin dieses Buchs. Die Inhaltsangaben der Opern kennen die Informierteren unter uns, ihre Ohrwürmer gehen uns seit 285 Jahren auf die Nerven, auch theoretisch stehen wir gefestigt —: Und doch schlagen wir uns immer wieder die Nächte um die Ohren, beim 531. Abhören des »Don Giovanni« dem Geheimnis auf die Schliche zu kommen, respektive uns auf die Sprünge zu helfen; um am anderen Tag genau so belämmert vor geschlossenen Wänden zu stehen, folglich das Kind mit dem Bade auszuschütten und vor lauter Bäumen den Teufel im Detail nicht zu sehen, der halt nun

einmal im lieben Gott der Oper als heiliger Geist, der stets »ja und nochmals ja« sagt, wirkt und immerfort wirkt — bis dereinst der Trompeter von Säckingen jenes Jericho bläst, vor dem Heulen und Zähneknirschen sein wird und das sich nicht einmal der zu allem entschlossene Dante zu veropern traute. Er hatte noch nicht die Technik . . .
So geht's also entschieden nicht weiter. Aber anders. Nämlich dialektisch. Mit ihrem Opernführer hoffen die Autoren dazu beizutragen, die Wirrsal um das Großkonfusionswesen Oper maximal zu verschärfen und zu vertiefen — um so, kraft eines nachgerade faustischen Überschlags von Hybris in Erkenntnis, am Ende vielleicht doch noch von jener Gnade gestreift zu werden, die auch einem Gretchen (dieser Goethe mischt sich doch unglaublich penetrant noch in die entlegensten Opernführer-Einleitungen!) selbst in der Gounod'schen Fassung wundersam zuteil wird; siehe dazu auch das sehr gelungene Kapitel »Stimmen aus der Höhe«.
Ein Wort zum Titel. Seine Genese dankt sich, ohne Neid sei's eingestanden, dem Statement, das ein deutscher Komponist der leichteren Muse unlängst beschwingt, befeuert, ja erleuchtet durch eine gute Flasche Whisky um 4 Uhr morgens der Welt kund und zu wissen tat: »Verdi« — dämonisches In-sich-hinein-Lächeln derer, die Musik und Leben im Griff haben — »Verdi ist der Mozart der Oper.«
Genau. Der triumphale Tiefsinn dieser späten Einsicht (ratsam ist es, über sie tatsächlich tagelang nachzudenken) tönte weniger singulär, ruhte in ihren logischen Zentren nicht am Ende sogar ein Körnchen fremdartiger Wahrheit. Dieses abermals zu atomisieren und die Schönheit der Aussage ins Unermeßliche zu steigern, gerann der hirnzermürbende Satz wie von selber zum vorliegenden Buchtitel.
Er sei — der Leser ahnt ganz richtig — den hier versammelten größeren und kleineren Besinnungsaufsätzen Leitbild und Richtschnur.

Flandern — pro und contra

Bescheiden, unbegreiflich bescheiden war zu allen Zeiten die Rolle Flanderns in der Opernliteratur. Während z. B. Sevilla, Rom, Richmond, ja sogar Worms, Putiwl und das nächtliche Granada immer wieder im Mittelpunkt standen, lief Flandern jahrhundertelang unter ferner liefen. Bzw. es lief überhaupt nichts. »Zu unmusikalisch«, verwahrte sich selbst der niederländische Beethoven; »che barbaro«, unkte Rossini; »mais non«, winkte sogar der sonst mit allem zufriedene Massenet ab und verlegte seine »Manon« liefer ins benachbarte Le Havre.
Der erste, der zugunsten Flanderns einen großangelegten Rettungsversuch unternehm, war Giuseppe Verdi mit seinem »Don Carlos«. »Te chiama il populo fiammingo — dich ruft das flandrische Volk«, mahnt Posa schon im 1. Bild der Oper den Titelhelden. Tatsächlich tritt dann im 4. Bild eine Gruppe flandrischer Deputierter auf und bittet um Gnade für ihr Vaterland. Doch Philipp läßt sie mit Grund (man muß diese insolent miserabligen Gestalten mal auf der Bühne gesehen haben! Peinlichst!) von den Wachen abführen. Noch einmal versucht der Marquis Posa eine Salvierung des Landes: »Ah! salva la Fiandra . . . Carlo, addio!«, beschwört er diesen geradezu zermalmend und verscheidet — und wirklich hat Carlo die besten Vorsätze: »Sulla terra fiamminga«, träumt er euphorisch, werde er dem Andenken des Freundes ein Denkmal errichten, wie kein König es jemals besaß: »tanto nobil e bel«! Doch bald wird der dumme junge Mann ins Kloster geschoben, und mit der Sanierung Flanderns ist es also nichts. Und wieder nichts.
Was Wunder, daß wenig später in Lortzings »Zar und Zimmermann« der Marquis eilig seinen bekannten Abschied nimmt: »Lebe wohl, mein flandrisch' Mädchen . . .« Und kann man es deshalb Wolfgang Korngold verdenken, wenn er es bei seiner Vertonung von Georges Rodenbachs Roman »Das tote Brügge« vorzieht, seine Lokalität schamvoll ins Anonyme zu placieren? Hatte nicht Rodenbach selbst vom »schmerzensreichen Brügge« geseufzt?

Herauskam bei Korngold die Oper »Die tote Stadt«, 1920 beifallumrauscht, heute – gleichfalls vergessen. Zu Recht; und symbolisch genug: Jahrhundertelang herrschte dann, abermals zu Recht, in Flandern jene Friedhofsruhe, von der schon ahnend der Marquis Posa plärrt: »La pace è dei sepolcri!« Bis dann endlich-endlich doch noch die Anerkennung kam – aus einer vollends unverhofften Ecke. Ausgerechnet der 12jährige Mozart will es wissen, ausgerechnet in seinem Singspiel »Bastien und Bastienne«. Zwar beginnt auch Mozart im Stil seiner Zeit mit einer Beschimpfung Flanderns: »Geh! Geh! Geh, Herz von Flandern!«, ruft Bastienne ihrem gar zu einfältigen Galan zu, »such nur bei andern zärtlich verliebt Gehör! Denn dich kann ich nicht lieben mehr!« So sieht's zunächst aus – aber am Ende landet Mozart seinen ersten großen Operncoup: Das Herz von Flandern kriegt seine Schäferin, so den Aufschwung bzw. die Reform des Landes geradezu bravourös besiegelnd.

Nun kann man zwar sagen, der junge Mozart wußte es eben nicht besser. Aber man sieht doch: Wenn in der Liebe schon sonst nichts geht, soll man immerhin einen Flanderer nehmen. Bei dem geht nämlich noch weniger. Bzw. in der Liebe geht eben alles, wenn's sein muß. Marcel Proust aber ist es, der wenig später den behutsamen Neubeginn Flanderns behutsamst fortsetzt: »Den Allerseelentag«, schreibt der feinsinnige Romancier über die Geliebte Saint-Loups, »verbringt sie jedes Jahr in Brügge.«

Und ist das nichts? Das ist zwar keine Oper, aber vielleicht wird einmal eine draus. Wer packt's an? Henze? Stockhausen? Der ritterliche Gluck?

Weiß man's?

PS. Ein gewisser Wagner aus Dresden, der, wie man hört, zur Zeit an einer Oper »Lohengrin« arbeitet, versucht sich ganz offenbar schon den neuen Flandern-Trend unter den Nagel zu reißen, läßt aber seine Handlung – ausgerechnet! – im angrenzenden Brabant spielen. Nun, da ist wohl nichts zu machen. Typisch Wagner halt. Immer, immer knapp daneben. Und strohdumm . . .

Seine Nobilität, der Landedelmann Don Ottavio

Auf den Spuren eines verkannten Großmeisters

Alle Werke Mozarts sind dieser Art; es liegt in ihnen
eine zeugende Kraft, die von Geschlecht zu
Geschlecht fortwirkt und so bald nicht erschöpft und
verzehrt sein dürfte.
Goethe, am 11. 3. 1828
zu Eckermann

Einer ihrer besten Protagonisten, Nicolai Gedda, hat die Rolle einmal im Deutschen Fernsehen als sanglich überaus schön, von der Substanz her aber als unergiebig und fad qualifiziert. Da hat sich der Herr Gedda schwer getäuscht.

Nicht als erster. Seit der Uraufführung der Opera assoluta 1787 gilt der Tenor und Edelmann Don Ottavio als die Trauer- und Totgestalt von Mozarts »Don Giovanni«. In Wirklichkeit ist er einer der Größten. Nicht nur der Oper, sondern des Welttheaters insgesamt; an irisierender Fulminanz und schimmernder fragil-knallharter Präsenz nur den erlauchtesten Kreationen an die Seite zu stellen: Dostojewskis Stepan Trofimotwitsch vielleicht, Italo Svevos Zeno Cosini, Kafkas Roman-Onkeln. Aber letztlich übertrifft sie Don Ottavio alle. Fällig ist heute, acht Jahre vor der 200-Jahr-Feier, mehr als eine Ehrenrettung – ein Ehrenplatz. Fällig ist die längst hochverdiente Gloriole.

Was ist mit dem Manne, warum ist er bis heute verkannt – und dies, obgleich E. T. A. Hoffmann schon in seiner Novelle »Don Juan« von 1814 einiges bemerkenswert Ahndungsreiches über Ottavio fixierte? (Mit den Fehlschüssen Hoffmanns werden wir nichtsdestoweniger scharf ins Gericht gehen.) Was macht Ottavio selbst geschulten Opernaugen und -ohren (auch Adorno, von Zerlina verzaubert, merkt wenig) so unzugänglich?

Das herkömmliche Bühnenporträt Don Ottavios als jugendlichen, bläßlichen und ziemlich femininen Galans der hochkarätigen Donna Anna verstellt erst einmal mächtig den Zugang. Vorab empfiehlt es sich deshalb, sich Ottavio in der einzigartigen, unsterblichkeitsverdächtigen Bühnen-Präsentation durch Anton Dermota in der Furtwängler-Aufführung der Salzburger Festspiele 1953 (sie wurde filmisch aufgezeichnet – wer den Film nicht kennt, sollte sich auch wegen Cesare Siepi und Otto Edelmann schnellstens umsehen) zu nähern resp. zu vergegenwärtigen. Ein Mann, gnädig geschätzt tief in den Vierzigern,

Die Nacht, der wir die »Zauberflöte« verdanken

Mocht bis itzt 95 thaler und 82 Gulden
15.6
17.27
9.95
25.18
Noch ane Partie g'fällig, Meister?
Dankschön, heut net.
ZUM GOLDENEN HUT
Franz. Billard.
Total pleite bin i. Do muß g'schwind a neue Oper her. Hat Schikaneder net g'sagt, er könnt ane brauch'n?

nichts weniger als ein Apoll, eher klein, zur Dicklichkeit bitterlich neigend, durch irgendeine schwerheilbare Krankheit zu nicht unvornehmer Wangenblässe, ja Wangengilbheit verurteilt. Stattlich eingekleidet, wie es sich gehört, und doch auch wieder schon via Textilien in eine Aura von leichter Derangiertheit, ja Verfall eingebettet. Ein möglicherweise verarmter Landedelmann aus der Provinz, der — da darf die Phantasie erst mal nachhelfen — nach vielen in pastoraler Traulichkeit verschlafenen Jahren endlich auch einmal, vielleicht angestachelt von seinem greisen Mütterlein, ans Heiraten denkt und deshalb, irgendeine obskure Verbindung zum Commendatore nutzend, liebend Donna Anna sich nähert und ihr Ja-Wort erlangt; auf die Methoden kommen wir zurück. Ein nobliger Tagträumer wie sein Landsmann, Wielands Don Sylvio, freilich nicht wie dieser wild und undiszipliniert, sondern allzeit gemessen, bescheiden, *moderato* vor sich hindämmernd.
Dies die Dermota-gefestigte Imagination; daß Lorenzo da Pontes Libretto und Mozarts Musik sie glänzend bestätigen, ja sanktionieren, sollte spätestens jetzt auch der mißtrauischste unter den geneigten Lesern zu ahnen beginnen.
»Tutto il mio sangue verserò, se bisogna: ma dov' è il scellerato?« — so furios-funest führt Ottavio selber sich im 1. Bild der Oper ein. Nicht aus schlechtem Snobismus, sondern weil die differenzierte Klangschönheit von Ottavios Rede (und in der Folge eben ihr Irisierendes) nur im Original aufleuchtet, wird hier italienisch zitiert; wie in den meisten anderen Teilen dieses Opernführers auch: dort allerdings oft aus Rankünе. Und Snobismus.
»Tutto il mio sangue . . .« Was ist auf der Bühne zu hören und zu sehen? *Prima vista* ein vorbildlicher Hochzeiter, der allergediegenste Liebhaber, Lieb-Haber. Läßt sich anscheinend täglich mehrfach bei der Braut blicken, geht mit ihr spazieren, sagt ihr viel Angenehmes, ja Zutrauliches ins Ohr: ganz offenbar das Ideal des Verlobten und Cavaliere zugleich. Dieses sein eigenes Ideal, sein Über-Ich, hält Don Ottavio die Welt intakt, eine ständisch gegliederte Welt, in der die Obersten auch die psychisch Erlesensten sind — bis Don Juan mit Wirbel-Allegro in die satte Idylle einbricht. Dessen krude Aktivitäten kann der Edelmann nun schon gar nicht fassen — Unsauberes bei einem Ranggleichen, einem Galantuomo! Bitter greift ihm Giovannis kavaliersunwürdiges Tun ans und ins Herz, »kaum« vermag er dessen »si nero delitto« (Beispiel für Ottavios Liebe zu blumigen Doppelungen, Indiz für die Einfalt und Ungebrochenheit des eigenen Weltbilds) — kaum vermag er diese »schwarzen Vergehen« zu fassen, kann es vielleicht gar nicht: Wenn schon sonst nichts, die Welt der Edelleute, so liest sich's in Ottavios klagenden Gesangslinien, sollte in Ordnung

sein. Don Giovannis »eccessi si enormi« (Mozarts Musik zeichnet den Ausdruck des Abscheus umwerfend nach), diese (wieder die ornamentale Tautologie!) enormen Exzesse machen den Landedelmann zutiefst schauern, ja schaudern. Und doch stimmt das nicht ganz. Sondern ist viel komplizierter; und sublimer.
Sieht man länger hin, hört man inbrünstiger zu: so reduziert sich der Abstand Ottavios zu Don Giovanni in gewisser Weise aufs Verbale; die unterstellte moralische Kluft bleibt eigentlich merkwürdig unscharf. Wenn »Weltbild« in Sprache einmündet, dann ist Don Giovanni der Meister der Verkleinerung, ja des Understatements, Ottavio aber der Beherrscher der Vergrößerung. Dem Titelhelden ist alles »divertir«, Zeitvertreib, »ridere e scherzar«, lachen und Blödsinn machen; schwierigere, ungute Situationen übersteht er am liebsten durch deren Nivellierung: so, wenn ihn im 2. Bild Elvira nervt; so, wenn diese Elvira im grandiosen Quartett des 1. Akts auf Anna/Ottavio einteufelt, sie sollten ja diesem »Misero«, diesem (wunderbar!) »Perfido mostro« nicht trauen —: da beschwichtigt Don Giovanni ganz einfach, das arme Mädchen sei nicht vollzunehmen, »pazza«; der »schnell ergreifende Verstand« Don Giovannis, über den sich die Deuter seit E. T. A. Hoffmann (schon zu?) einig sind. Hier das Genie der Untertreibung, dort Don Ottavio, der Großmeister der Übertreibung, der klassische Pathetiker, genauer: der Rezitator einer Klassik, die er — ganz eindeutig aus den alten Büchern gelernt hat, man möchte schon meinen: auswendig. Bei ihm blitzt und donnert es nur so von »morte«, »vendetta«, »sangue«, »stelle« und (wir kommen in einem anderen Text des Buchs darauf zurück) »ohimè«, »weh mir«! Dergleichen Sprüche haben dem Ottavio die Imago von Steif- und Fadheit eingebrockt, ja einer gewissen barocken Leblosigkeit etwa der tenoralen Herrschaften Händels. Und das eben ist das Falscheste, was man ihm nachsagen kann.
Ottavios feinsäuberliche oder aber funkelnde verbale Grandezza ist zunächst einmal (und vorerst) — von da Ponte wahrhaft souverän stilisiert — Ausdruck einer ebenso unverbrüchlichen wie von sich aus komischen Nobilität, welche diesen schwer verschlafenen Mann vom — leicht? stark? — ergrauten Scheitel bis zur Seele beherrscht. (Nicht zufällig zeigt die Titelmelodie des Films »Adel verpflichtet« die Handschrift Don Ottavios: »Il mio tesoro intanto!«, schreitet es gemessen und gravitätisch in B-Dur daher.) Vermutlich das Schicksal der ökonomischen und mit Sicherheit (hier muß es leider ausgesprochen werden) das der intellektualen Beschränktheit tragend, hat Ottavio einst in einem vergleichsweise lichten Moment diese auf großen und hehren Worten lagernde Nobilità zum Ariadnefaden seiner bescheidenen Existenz gekürt, hat sein Glück darauf gegründet. Sie ist dieses gebür-

tigen Dämmerers einziges Kapital. Nicht Schönheit, nicht Stärke sind Ottavio gegeben, das weiß er, und nur zu gut. Und deshalb verlegt er sich auf die schöne-hohe Sprache. Respektive den glänzenden Singsang.

Allein von daher widerlegt sich notwendig E. T. A. Hoffmanns Ottavio-Bild eines »zierlichen, geputzten, geleckten Männleins von einundzwanzig Jahren höchstens« — ein überaus falsches Bild, obgleich der erste große Don-Juan-Deuter paradoxerweise durchaus auf der richtigen Spur spekulierte. So vollendet edel-dumpf redet nämlich kein Einundzwanzigjähriger daher — Text und musikalische Phrase bedürfen des Schmelzes und der Reife eines Midlife-Crislers, eines verbal so artistisch durchtrainierten Mannes, daß ihn auch kein Mord und keine Rache-Beschwer auch nur für eine Sekunde Grandezza und Gentilezza aus den Augen verlieren lassen — gilt es doch, jetzt oder nie, die Ernte, Anna, auf Teufelkommraus in die Scheuer zu fahren. 21 Jahre? Derlei bedarf des Trainings allein von 21 Jahren!

»Tutto il mio sangue verserò, se bisogna«: Was ist eigentlich mit der Ottavio auferlegten Rächerrolle? Nichts ist, oder doch extrem wenig. Der mit Worten stets lauthals auf »Vendetta« drängende Ottavio hat sich nämlich eine List ausgesponnen, eine eminente List. Er will — und in dieser feierlichen Sekunde plaudern wir sein Geheimnis nach 192 Jahren endgültig aus — die Rache für den Mord am Commendatore, wenn schon von ihr dauernd die leidige Rede sein muß: zersingen. Verschleppen (wie bei Kafka der Prozeß verschleppt wird) — und endlich zersingen. Ottavio geht der Vendetta mit geradezu unendlicher Behutsamkeit aus dem Weg und lieber mit Anna spazieren und mit Arien hausieren — mit Glück und Geschick gelingt es ihm, drei Stunden lang den furchtbaren Rächer vorzustellen, ohne auch nur den Finger zu rühren, nein, einmal greift er tatsächlich *nolens volens* und dekorativ zum Degen (in anderen Textbüchern: zur Pistola), es ist aber nichts, sondern Giovanni entschlüpft leicht — wir kommen drauf zurück.

Wie präzis da Ponte und Mozart diesen kuriosen Charakter modellierten, ist von der ersten Szene an wundersam zu verfolgen. Schon beim Mord des Commendatore kommt Ottavio, *grazie da cielo,* knapp zu spät, um gleich rettend oder rächend eingreifen zu können. (»Als Annas Bräutigam wohnte er, da man ihn so schnell herbeirufen konnte, wahrscheinlich im Hause; auf den ersten Lärm, den er gewiß hörte, hätte er herbeieilen und den Vater retten können: er mußte sich aber erst putzen, und mochte überhaupt nachts nicht gern sich herauswagen.« Da hat Hoffmann zu 49 Prozent wieder recht — allein es ist natürlich nicht die Putzsucht, sondern zur Hälfte Ottavios genaues Zeitgefühl für Unliebsames, zur anderen Hälfte sein guter Dämon, der ihn präzis zu spät kommen läßt. So oder so:) Groß aber schmettert Ottavio seine Wut über den »barbaro tormento«, über den barbarischen Mord, in die samtene Nachtluft. Zuckt — »tutto il mio sangue« — sofort drohend sein Schwert gegen Unbekannt — doch Anna, die ihn wohldurchschaut (das tut sie oft, aber nicht immer, Ottavio ist zu virtuos!), muß ihn gleich zweimal zum Racheschwur anfeuern und anheuern, wohlgemerkt mit ihren berühmten E. T. A. Hoffmann'schen »Augen, aus denen Liebe, Zorn, Haß, Verzweiflung wie aus *einem* Brennpunkt eine Strahlen-Pyramide blitzender Funken werfen«. Überaus hübsch hat einst Anton Dermota diese merkwürdige Nuance erkannt und dramatisch wahrgemacht: Als ihn Anna im Zustand des »duolo estremo« ein zweites Mal zum Eid ruft, zieht Ottavio-Dermota gleichsam erschrocken und überrascht die Augenbrauen in die Stirn; was ja nichts anderes heißen kann als: Sapperlot, jetzt gilt Wachsamkeit, die meint's ja ernst! Womit Ottavio seinen ersten Schwur endgültig als schöne Show im Dienst der Ästhetik entlarvt, jener allgemeinen chevalresken Ästhetik, die halt einmal zu einem Mord auch einen vehementen d-moll-Rachegesang erheischt. Und *wie* ihm da dann die Stimmbänder in einer kleinen (für einen Tenor kaum zu singenden, aber er packt's:) Sekunde d-cis hin- und herfedern! Alles Anna zuliebe.

Oder auch nicht. Da Ponte und Mozart haben derlei deliziöse Perversion die ganze Oper hindurch bruchlos weitergetrieben — die »Oper aller Opern« (endlich hat E. T. A. Hoffmann einmal *ganz* recht!) ist auch die komischste. Denn allerliebst genug: Erst viel später, Stunden nach dem Schwur, läßt der — metaphorisch und buchstäblich — verschlafene Mann sich über die Vorgänge der letzten Nacht beiläufig bei einem Spaziergang informieren; offenbar hat ihn das Ganze — immerhin wär' seiner Braut beinah' ein Leids geschehen, Hoffmann und die meisten heutigen Exegeten tippen gar auf Verführung, mit Einverständnis! — nicht weiter interessiert, war ihm irgendwie unbequem. Er hat Rache geschworen, basta, ist dann mit Anna *un poco* herumflaniert und hat ihr alle naslang beteuert, sie habe nun in ihm den »padre e sposo« gleichzeitig zu sehen — ein barbarischer Trick, sich vollends unentbehrlich zu machen. Freilich, wenn er jetzt, peinlich, peinlich, nach Don Giovannis Identifikation die nächtliche Story in voller Breite sich anhören muß, dann spart er wieder nicht mit variantenreichen Exklamationen wie »Perfido!« und »o ciel!«. Wahre — und wie mittlerweile der unbegabteste Ottavio-Forscher weiß — gleichzeitig komfortable Verzweiflung lodert hoch über Giovannis »unterm heiligen Mantel der Freundschaft« (»sotto il sacro patto d'amicizia«) begangenen Verrat, und zart seufzt der Schwergeprüfte endlich sein »Ohimè, respiro«, er vermag wieder zu atmen, Anna blieb vorerst einmal sein.

Aber jetzt wird's, scheint's, endgültig bitter. Der »Traditore« ist ausgemacht, mit schönen Redensarten (»Fate corragio!«) ist jetzt nicht mehr viel zu holen. Doch dank seinem angeborenen Stern gelingt es Ottavio erst einmal, Giovanni am Schluß des Maskenfestes laufen zu lassen, und dann, im 2. Akt, wird ihm sogar der Massel zuteil, statt des »Scellerato« nur den Erzkasper Leporello einzufangen. Zuletzt aber erledigt der Commendatore alles selber, und auffälligerweise kauft auch der scheint's aufgeklärte Ottavio Leporellos Schmarren-Report vom rächenden »Colosso« und »Uomo di sasso«, dem steinernen Menschen, sofort und ohne schärfere Analyse an, nein, ein bohrender Frager ist er am wenigsten – irgendein »Ombra«, ein Schatten, wird es halt gewesen sein, der da rächend zugelangt hat, und damit ist's auch endgültig gut. Und Anlaß zur imperial-schmelzendsten aller Melodien aus Ottavios reichhaltigem Repertoire: »Or che tutti, o mio tesoro«. Als Tonart bietet sich das warme G-Dur an.
Solcher teils offener, teils versteckter Mozart-da Ponte'scher Wahnwitz ist längst vorweggenommen im 1. Akt. Alte Comedia-Situationskomik reift zu güldener Verblasenheit: Wenn Ottavio etwa aus dem Hintergrund mit einem herrlich belcantischen »Ah, ch'ora idolo mio« in den Kurzmonolog Don Giovannis, daß weiber-mäßig nichts mehr klappen will, rumpelt wie die Faust aufs benebelte Auge (und man kann es Don Giovanni nachfühlen, wenn er finster vor sich hinbrummelt, *der* habe gerade noch gefehlt). Oder wenn während der Flucht Leporellos vor Elvira Ottavio von einer orgelähnlich klingenden schweren Bläsermusik akkompagniert die Rampe betritt und – szenisch grausam disproportioniert – mit einer abermals glutvollen D-Dur-Kantilene auf Anna einkalmiert. Vollends das Finale ratifiziert, was wir längst wissen: Nie ist es Ottavio um anderes gegangen als um das »Schöne«, den schönen Schein (und wer möchte, kann hier sozialkritisch werden); um das, goethisch-hegelisch gesprochen, selig in sich selber scheinende Schöne. Musikalisch aber: um Belcanto, um »arioso amoroso« um jeden Preis. Mit ihm hat er einst Annas wildes Herz zu rühren vermocht, mit unsäglich schönen Melodien voll »tenero amor« (wahrscheinlich zuhause im stillen Kämmerlein ausgeheckt) überbrückt er die Verlobungszeit (an schnödem Sex liegt ihm ganz evident wenig – schafft er's eigentlich noch? Hat er's schon vergessen?), ungeachtet eines dummerweise passierten Mordes. Arios-amoros wird er auch die Ehe meistern, darüber ist noch zu reden.
So entlarvt sich der Biedermann Don Ottavio unvermerkt und ziemlich überraschend als der ähnlich versierte Verbalcharmeur wie Don Giovanni (mit dem er auch sonst in der vielfältigsten Weise korrespondiert, positiv und negativ) – als ein sogar noch eminenterer: der Don dürfte

wohl immer wieder mal auf »La ci darem« zurückgreifen — unvergleichlich breiter das melodiöse Spektrum Ottavios! Freilich, er muß ja immer dieselbe Frau mit seinem Singsang saturieren . . .
Mit Anna hat es nun allerdings ein ziemliches Dunkel auf sich: Von Hoffmann angefangen bis zu Alfred Rosenberg und Wolfgang Hildesheimer haben die Deuter dafür gehalten, daß das »göttliche Weib« (Hoffmann) rettungslos auf Don Juan fixiert sei, den ihr einzig Ebenbürtigen: daß mithin die erstrebte »Rache« nichts anderes ist als Ersatzhandlung für die verweigerte (bzw. nur einmal genossene) Liebe. Sie muß, hier folgen wir wieder ganz Hoffmann, doppelt den Untergang des »Verräters« wollen, den sie doch wahrscheinlich nach wie vor verzweifelt liebt — und daß Bräutigam Ottavio der Rächer sein soll, kompliziert die psychologische Situation derart (und reizvoll), daß Hildesheimer gar von einem »seelischen Monodrama« Annas im Drama redet. Psychologen finden hier illustres Material — Ottavio aber, so oder so, ist schlicht überfordert, kann da mit seinem würdigen Belcanto doch nicht mehr ganz mithalten und kriegt es zu spüren: »Crudele!«, klagt er jammernd, durchaus seine fatale Funktion witternd und dennoch selbstverständlich diszipliniert, im drittletzten Bild der Oper Donna Anna an — und nun geschieht etwas psychologisch sehr Zartes und Rührendes (wie es eben allzeit unbegreiflich bleibt, was Mozart aus dem schieren Zwang preßt, der Sängerin eine zweite Arie zu schreiben): »Non mi dir«, besäuselt Anna kalmierend den *Promesso sposo*, »bell' idol mio« — und das ist nun wahrscheinlich dreifach gelogen, denn weder ist Ottavio schön, noch gar ihr »idol«, noch denkt sie überhaupt an ihn: sondern in eben diesem Augenblick mit geradezu schwelgerischer Inbrunst an Don Giovanni — eine Projektionsleistung ersten Ranges! Oder redet und singt hier eine Art Galgen-Ironie? Die sich schon selber nicht mehr zwischen Wunsch und Wirklichkeit zurechtfindet? Schön ist diese verwickelte und verstrickte Humanitas Annas auf alle Fälle — und wird schöner noch in der sanft lodernden F-Dur-Arie, die eigentlich so gar nichts von Anna hat — sondern akkurat Ottavios amoroser Machart ist! Die pointierte Ironie des Librettos will es, daß Anna vorübergehend sogar Ottavios Lieblingsvokabel übernimmt, das nicht adäquat zu übersetzende »calmare«, beruhigen, trösten! »Calmatevi, idol mio«, hatte Ottavio vorher im Rezitativ verhangen geschäkert, etwas bänglich schon: Es werde schon noch alles gut werden. »Calma, calma il tuo tormento«, bezirzt die sonst so Wilde in der Arie den andrängenden Verlobten, den sie ja (trotzdem und obwohl sie ihn wahrscheinlich sogar ein bißchen verachtet) weißgott halten will, und tatsächlich verklärt sich die grämliche Miene Ottavios am Ende des exzessiven Koloraturgesangs zu einem beseligten Lächeln der breitesten

Freude. Anna hat Ottavio mit dessen eigenen Mitteln, mit Belcanto, geschlagen! Kalmiert, ruhig, friedlich soll es sein in der Welt des Don Ottavio – »dalla sua pace«, das darf man ihm glauben, macht er alles. Friedlich und unveräußerlich noblig. *Noblesse oblige*, auch unter den verheerendsten Konditionen, auch wenn die Welt aus den Fugen ist und die Sittenlosigkeit grassiert: Ottavios Welt ist auf eine schon fanatische (und darum sehr bewegende) Art nobiltätsverschworen. Den »aspetto nobile« rühmte er spontan an der ihm noch unbekannten Donna Elvira, »che dolce maesta!«, und echte Begeisterung schwärmt aus unserem Mann (im Quartett des 1. Aktes: Leser, denen diese verhältnismäßig unbekannte Nummer nicht geläufig ist, sollten sie sofort nachholen. Sie gehört zu den schönsten, nämlich am reichsten figurierten der Oper und zu den witzigsten obendrein). Nobilität walte, was da komme. Selbst sein inzwischen (scheint's) ausgemachtes Racheobjekt Don Giovanni redet Ottavio artig mit »Signore« an, auch noch dem Oberproleten Leporello gegenüber wahrt er im Chaos des Maskenfestes die Höflichkeitsform »Cosa chiedete?«. Gar zierlich und kaum sarkastisch entbietet der Unverbrüchliche seinen Dank für die gentile Einladung: »Grazie di tanto onore!« Mit einem eleganten »Simulate!« (zu Anna und Elvira) hält er die wackelige Situation weniger strategisch als schönsprachlich zusammen. Und brillant schmettert er, als notorischer Ästhet die Dramatik der Situation nutzend, in blendendem C-dur auf, als der »Traditor« gefaßt scheint: »Nol sperate, nol sperate!«
Ja, wollte er ihn vielleicht doch und wirklich zu fassen kriegen? Herbert Rosendorfer z. B. macht die Kühnheit geltend: daß Ottavio sich immerhin aufs Fest wage. Aber konnte er denn noch irgend anders, wollte er sich nicht definitiv unglaubwürdig machen? Hier scheint zur Abwechslung wieder mal Hoffmann das Richtige zu ahnen: »Mutig schlägt Don Juan dem Bräutigam den stählernen Galanterie-Degen (!) aus der Hand«, so daß bald »alles gar possierlich übereinander purzelt.« Darauf scheint es hinzulaufen: auf Burleske und, hinsichtlich des Rache-Trios, eher schmähliches Versagen, und dies nicht nur aus Gründen der Handlungskonstruktion: Nicht allein dem Bösewicht, auch dem Galanterie-Rächer wird's sehr recht gewesen sein. Der Unernst von Ottavios Rachestreben, es wäre dramatisch unsinnig, ihn plötzlich ins Seriöse zu drehen; darüber gleich mehr.
Hier nämlich rundet sich die Gestalt. Das Komplement von Ottavios unveräußerlicher »Nobilità« ist seine echte und zugleich kultivierte Einfalt; beider Synthese aber ist ein monströser Unernst. Der ist durchwegs nachweisbar. Indem Ottavio Elviras Schimpfiaden auf Don Giovanni beiwohnt, ist seine Hilflosigkeit groß, was von solch einer unwürdigen Situation zu halten sei: »A chi si credera?«, sinnt er anrüh-

rend, stemmt eine sehr energische Phrase heraus, daß er nun Licht und Klarheit wolle — und vergißt es *stante pede!* Eher sinnlos und wiederum kaum ironisch stimmt er in den Maskenfest-Chorus ein: »Viva la liberta!« — jene Freiheit nämlich, die er gleich darauf als »eccessi enormi« so sehr verabscheuen wird! Wenn im 2. Akt der vermeintlich gefangene Don Giovanni als Leporello sich entpuppt, dann glaubt man Ottavio sein »stupido resto — dumm steh' ich jetzt da« noch lieber als den anderen Beteiligten. Leporello bittet um Gnade. »No no no no!« ist die Unisono-Antwort der Gefoppten, und die folgende fünfmal abwärtsfahrende Streicherfigur (keine Angst, expertöser wird's in diesem Text nicht mehr) ist wie der musikalische Stempel von Ottavios schwer vergrätzter Miene: daß es soviel Unseriosität und Unnoblesse auf der Welt gebe, leider. Als ob *das* und *hier* von Belang wäre!
Aber es kommt noch ärger. »Amici miei«, tröstet Ottavio nun in sonorstem Italienisch (Don Giovanni bringt es nur auf das billige »Cari amici«). »Amici miei«, schon durch Vokalschönheit eine allgemeine Vertrauensgrundlage in haarigen Zeiten schaffend — und dann gibt er, der teure Mann, *con bravura ed eleganza* seine Top-Sensation und sein allerinnerstes Mysterium in einem Aufwasch preis: Jetzt endlich — in der Mitte des 2. Akts! — sei auch er, Ottavio, bereit, an Don Giovanni als den verruchten Mörder von Annas Vater zu glauben — so quasi: wer ihn, Ottavio, durch Kostümtausch prelle, der sei auch zum Kriminellsten befähigt. Und jetzt nichts wie Rache!
Der Doppelwitz ist von valentinischen Graden — und Anna müßte hier eigentlich ihren Herrn Verlobten noch mißtrauischer als sonst schon gemustert haben. Doch der hat bereits glänzend zu seiner großen B-Dur-Arie angesetzt, seiner hinreißenden, mitreißerischen, in der wieder viel von »tesoro« und »consolar« die Rede ist. Ein letztes Mal, später wird's nicht mehr nötig sein, bekräftigt dieser gewaltige Vendettist seinen Willen zu (er ist wirklich der gewaltigste Humorist:) »rascher Tat« — und um seinen rauhen Entschluß dazu ganz eisern zu unterstreichen, exzelliert er diesmal sogar mit militant-brisanten Melodienkurven à la Händels »Julius Caesar«; fürchtend offenbar, daß die Damen mit dem bisherigen Arioso-amoroso-Gezärtel vielleicht doch nicht mehr ganz zufrieden sind. Eine Art »Internalisierung« von Rache!
Wobei sich eine Spekulation durchaus legitim anknüpfen ließe: Schmelz und Kraft der Arie meinen vielleicht abermals und noch immer nicht die »Rache«: sondern richten sich an Elvira, der allein der Gesang ja gilt; Anna hat sich mit den ersten Takten davongemacht. Die Arie wäre also Doppelstrategie von Edelmuts-Demonstration und — Balz! Imponiergehabe und erotische Aufwartung vor Elvira, bei welcher Verlassenen man sich ja behutsam etwas rückversichern könnte, falls, was

Ottavio durchaus und rechtens fürchtet (und dies ist seine einzige *wirkliche* Crux und seine tragische Komponente!), mit Anna doch etwas schiefläuft. Etwas? Alles!

Den kleinen Rache-Rest aber, wie gesagt, erledigt der Himmel. Das Farcehafte von Ottavios Schlußwort war schon Hoffmann aufgefallen. »Vendicati siam dal cielo« — in einer erhabenen Mischung aus Naivität und Zynismus spricht's der verhinderte Rächer sogar noch aus. Der Kreis schließt sich. »Tutto il mio sangue«, hatte Ottavio vor drei Stunden pastos angekündigt, »verserò — se bisogna.« *Se bisogna!* »Wenn es nötig sein sollte!« Haben wir am Anfang nicht genau hingehört? Unheimlich entschlossen hatte Ottavio Rache verheißen — wenn's anders nicht geht! Ein wahrhaft diskretes Wörtchen (bei diesem Sprachkünstler ist eben auf jede Nuance zu achten!) und ein Witz von mächtiger Folgerichtigkeit! Es war — nicht nötig. Von daher, vom ersten Satz her, gewinnt Don Ottavios Gestalt ihre letztendliche Stringenz.

Und Wärme; eine letzte, vertrackte, aber sehr erwärmende Dignität. Eine Art abendschön metaphysische Schlitzohrigkeit überlagert noch einmal den kostbaren Mann — und wenn es ein Zufall war, der da Ponte die beiden Wörtchen »se bisogna« in die Feder diktierte, dann war's ein »inspirierter« (so wie auch Hoffmann dafür plädiert, nämlich anläßlich der wunderbar zweischneidigen Zeile Annas: »Forse un giorno il cielo ancora sentirà pietà di me«, da Ponte unbewußte Genialität zu attestieren, die eigentlich seine Potenz überstieg). Die Sache mit der Rache: Sie vollendet sich in jedem Sinn begnadet. Und wenn schon sonst nichts an Ottavio wäre: Diese Logik hat ein menschlich Leuchtendes, Wärmendes und abermals Kalmierendes, das allein die Fehlbefunde von Hoffmann (der findet ihn unglaublicherweise »kalt, unmännlich, ordinär»!) bis Hildesheimer (der findet ihn, das sei ihm nimmer verziehen, sogar lächerlich! Wird »seiner nicht recht froh«! Selber schuld! Nicht zäh genug geforscht!) dementiert. Kalt? Don Giovanni fürwahr ist »anima di bronzo«, Herz aus Eis! Ottavio ist Herz aus sanfter Glut, holder Hesperus-Dämmerstrahl; »voilà: un homme«, ein Humanum, ein *Humanist!*

Auch und gerade, wenn diese Humanität nicht so ganz geheuer, ja obskur sich expliciert . . .

Der Himmel hat eingesehen, Ottavio hat gekriegt, was er wollte, Frieden. Ihm sei sein und Annas fürderes Leben aber auch restlos geweiht. Ein Jahr Wartezeit bis zur Hochzeit, darauf hat Anna bestanden. Hier divergieren die Deuter noch einmal. Bernard Shaw tippte auf schnelle Vermählung und zwölf Kinder; andere benagt der Zweifel, ob es bei einem Jahr bleiben wird, ob die von Don Juan so schwer beschädigte Anna geneigt sein wird, ihren Nobilitätsbolzen — überhaupt noch heim-

zuführen. Hoffmann, ganz rigid und freilich auch etwas undurchsichtig: »Don Ottavio wird niemals die umarmen, die ein frommes Gemüt davor rettete, des Satans geweihte Braut zu werden.«
Darin liegt viel romantisches Schnickschnack-Kauderwelsch, das hat trotzdem was für sich, aber es wär' schad' drum und irgendwie ungerecht, würde so Don Ottavios genau ausziseliertes Lebensprogramm am Ende doch noch scheitern. Der »Bräutigam der Bräutigame« (Adorno) als ewiger Bräutigam? Nein, viel lieber hoffen wir ihn stramm verheiratet, wahlweise kinderlos oder kinderlieb, das ist nicht so wichtig, sein beschauliches Esquire-Dasein weiterträumen, gelegentlich im Selbstgespräch (auch das beherrscht er nach den klassischen Regeln), gelegentlich im gemütlichen Plausch mit Anna oder der alljährlich aus dem Kloster heraus gastierenden Elvira der mysteriösen Ereignisse der schmerzlichsüßherben Verlobungstage gedenken. Ab und zu soll und wird Don Ottavio sich erneut die enormen Exzesse des verflossenen Hans durch den dämmrigen Quadratschädel schweifen lassen, kopfschüttelnd, und immer wieder wird der tiefe Horror die geheime Neugier niederdämmen, was es mit diesem Fetzer, Scellerato und Fellone eigentlich auf sich hatte. Anna aber? Anna, einst »furia disperata«, soll und wird (und hier widerspreche ich mir gern selber mal) letztendlich stolz auf diesen feinsäuberlichen Herren ihn immer attraktiver finden (so wie ja Ottavio auch der Operngesellschaft in Hoffmanns Novelle »sehr gefallen« hat); wird ebenfalls das ihre verdrängen und, während der Alte im Arbeitskabinett neue Arietten in behäbigem Es-Dur und scherzendem F-Dur aussinniert (schon jene Anna, die in Hoffmanns Loge auftaucht, ist ja, trotz allem, nicht unempfänglich für den »himmlischen Zauber der Töne«) wird gehen, nach dem Wetter, nach den Dienstboten oder den Hühnern zu sehen.

Das »Ohimè« oder »Ahimè«

Für unsere Freunde der italienischen Oper

Liebe Freunde der italienischen Oper! In unserer heutigen 38. Folge über Wesen und Infrastruktur eben der italienischen Oper wollen wir einem Gegenstand uns nähern, der zweifellos nicht nur zu den kleinsten, sondern auch zu den nachweislich unwichtigsten der gesamten italienischen Oper zählt – und der doch wie kein anderer geeignet ist, jenes gewisse Etwas, jene integrative dramatische Essenz samt ihren tragischen Implikationen und metaphysischen Geworfenheiten Heideggerscher Prägung zu illuminieren, die wir — naja kurz und krumm: eben als italienische Oper begreifen. Allora, wir sprechen von dem Wörtchen »ohimè« oder »ahimè«, gesprochen »oime« respektive »aime«, das uns nämlich immer wieder in der italienischen Oper begegnet und zwar immer dann, wenn es besonders hoch hergeht.

Im Gegensatz zum altbayerischen »oi oi«, das entweder »ja ja« oder »Eier Eier« meint oder aber einen Ausruf allgemeinen Entzückens, sei's in der Brautnacht, sei's im Bierzelt, signalisiert das »ohimè« oder »ahimè« in der italienischen Oper, von der hier schon ununterbrochen die Rede ist, eine Exklamation des Schreckens, der Angst und jener namenlosen Bangnis, die Kierkegaard seinerzeit im Auge hatte, als er die Dings ... die Dingsda die ... naja, ist ja gleich; jedenfalls dieses »ohimè« oder »ahimè« taucht auf jeweils an den dramatischen Knotenpunkten des Handlungsgeschehens, an den Kulminationszonen der peripetischen Klimax des tragischen Schicksalsstroms: Da der zuvor noch fröhliche Mensch merkt, daß das Göttlich-Numismatische bzw. Numinöse in Gestalt daimonischer Verstrickung sich anschickt, in seine gut geordnete individuelle Existenz einzugreifen, kurz, wenn der Mensch spitzkriegt, daß es *so* nicht weitergeht, daß es geschlechtlich nicht läuft, wie es soll — oder einfach, daß ihm was wehtut, weil ihn vielleicht einer erstochen oder ihm besonders kraftvoll die Hand gegeben hat. So gleich bei unserem ersten Belegstück, einem der frühesten Paradigma des »Ohimè«, jener Stelle, da der Komtur dem alten Sünder in Mozarts Oper markerschütternd in jene Hände greift, die schon so elend viele Weiber gegriffelt haben. Bitte, Herr Don Giovanni:

»Eccola — ohimääääh!«

Ergreifend! Erscheint dieses erste »Ohimè« als der Schrei der sündigen Natur angesichts des göttlichen Strafgerichts, so finden wir im 1. Akt der Oper anläßlich eines weiteren »Ohimè« etwas ganz anderes. Wenn Donna Anna ihrem Verlobten die Geschichte erzählt, welch Leid ihr Don Giovanni angetan hat, dann bedeutet Don Ottavios »Weh mir — ich atme wieder freier« Genugtuung, daß alles grad noch einmal gutgegangen ist; freilich zittern noch Rudimente edelsten Schmerzes nach:

»Ohimè — respiro!«

Herrlich! Sehr schön und satt! Einen weiteren Höhepunkt kantablen »Ohimè«-Frühlings haben wir auch in »Cosi fan tutte«. Wenn die Schwestern von der Einberufung ihrer Freier erfahren, brechen sie zwar in genau jene Ohimè-Figur aus, die grad schon Ottavio recht war, nur diesmal als Duett! Dorabella säuselt die Bauernterz zu Fiordiligis Titelmelodie:

»Ohimè — che sento!«

In der italienischen Oper im engeren Sinne, nämlich der der gebürtigen Italiener selber, hat das »Ohimè« anfangs stark mit allerlei Konkurrenzausrufen des Schreckens zu kämpfen, wie etwa »o ciel«, »o sorte«, »o terror«, »quale terror«, »destin crudel«, »giusto ciel« und vor allem »gran Dio!« – auf die Dauer setzt es sich aber glänzend durch und an die Spitze. Der Siegeszug beginnt wahrscheinlich mit Donizetti. Spätestens mit dem dreifachen (!) »Ohimè, Edgardo!« in der Wahnsinnsarie der »Lucia di Lammermoor« ist das Wörtchen fett daheim — und wird sofort von dem lernbegierigen Verdi aufgegriffen, der es spätestens mit dem »Ernani«-Schlußbild voll beherrscht. Ja, der junge Fuchs aus Le Roncole reift mit dem Abschluß seiner Galeerenjahre zum konkurrenzlosen Meister des »Ohimè« überhaupt heran: Mit einem »Ahimè« auf den Lippen geht Luisa Miller in der gleichnamigen Oper in den Frieden ein, ein »Ohimè« stemmt Azucena bei ihrer Gefangennahme im »Troubadour« heraus, mit einem »Ahimè — du kommst zu spät« begrüßt die sterbende La Traviata ihren alten Freund Alfredo. »Ohimè«, seufzt Leonora in ihrer ersten Arie in »Forza del Destino« und ruft mit gutem Grund die »Madre, pietosa Vergine« an — um bei ihrer zweiten Glanz-Arie mit einem kräftigen »Ahimè!« einen gewissen Variantenreichtum auch in schicksalsmächtigsten Zeiten zu demonstrieren.
Besonders viel schmerzveredelte Schönheit legt Rigoletto an den Tag, wenn seine Bitte an die Höflinge, Gilda herauszugeben, abschlägig beschieden wird. Marullo stellt sich stur — Rigoletto heult auf:

»Tu taci — ohimä . . . ä . . .«

Mehr das gehetzte »Ohimè« vertritt dagegen die sattsam bekannte Oper »Aida«. So zuerst die Titelfigur, wenn sie im Terzett mit Radames und Amneris ihrer Sorge um einen Krieg beredten Laut gibt: »Ohimè — di guerra fremere . . .« Amneris ihrerseits hat gut aufgepaßt. Zwei Stunden später, in der Gerichtsszene, die über Leben und Tod des weltbekannten Radames entscheidet, singt sie ihrerseits Aidas »Ohimè«-Figur — ein 16tel, ein Viertel auf dem gleichen Ton — schon perfekt nach, nur, wie es sich für einen Mezzo gehört, eine Sext tiefer. Und Minuten später kann sie es schon wieder:

»Ohimè — mi sento morir — ohimè!«

Dumpf-dumpf. Aber auch Desdemona im »Otello« vertraut dieser geschmackvollen »Ohime«-Gestaltung, wenn sie im Duett mit dem vogelwilden Mohren der Untreue bezichtigt wird. Hören Sie ruhig mal zwischendurch in Ihren Plattenteller rein!
Alles klar? Puccinis Mimi in der »Bohème« ist es, die dann für einen neuen Höhepunkt in der »Ohimè«-Singerei sorgt. Denn siehe, erstens bringt sie es sogar als Terzett mit Rodolfo und Marcello: »Ahimè! E finita. O mia vita! Ahimè, morir!« (Und *wie* sie jammert! Naja, sie

hätt' halt besser auf sich aufpassen und sich warm anziehen sollen, so geht's eben mit unseren leichtfertigen Grisetten!) Und zweitens haben wir noch etwas Nagelneues an Mimi zu bestaunen: Erstmals in der Operngeschichte deklamiert sie das »Ahimè« als Wollustseufzer: »Ma i fior ch'io faccio, ahime! non hanno odore — die Blumen, die ich sticke, weh mir, sie duften nicht.« Geradezu hingegossen an ihre fesche Pariser Näherinnen-Gemütlichkeit schlenzt sie dies wohlige »Ahimè« in die kalte Welt hinaus — und wird, wie gesehen, schwer dafür gestraft. Ecco: Mit den »Ahimès« ist nicht zu spaßen — das ist der Sinn von Puccinis visionärer Oper . . .

Die Puccinische Delikatesse bewährt sich aber auch darin, daß der Komponist im 2. Akt Musetta ihrer mehr kokottenhafter Natur gemäß, nur ein »Ahi« zwitschern läßt, wenn sie dem alten Weiberhengst Lulu weismacht, daß ihr der Fuß wehtut. Übrigens hat auch der weltberühmte Mozart diesen gesellschaftlichen Antagonismus subtilst herausmodelliert, wenn er die Kavaliere Ottavio und Giovanni ihre »Ohimès« brüllen heißt — wohingegen es der Prolet Masetto, als ihn Don Giovanni verprügelt, nur zu einem kläglich resonanzlosen »Ahi« bringt, wie die noch unfertigen Helden von Monteverdis früher Oper »Orfeo« — indessen Masettos Schrumpfform die typische Unmusikalität und Musikbox-Mentalität unserer Dorfbevölkerung luzidest symbolisiert.

Eine scharmante Abstufung erfährt das »Ohimè« dann dreifach in Verdis »Maskenball«. Zuerst klingt es auf beim Abschied des Gouverneurs von seinem Kebsweib Amelia. Schmerzlich schön teilt der Tenor der Tante mit, er verzichte auf sie und sie habe sich schleunigst nach England zu machen. »Anco una volta addio«, seimt er lauthals — mit einem geradezu süchtig-schmachtenden »Ohimè« kontert Amelia. Dem setzt nun Richard anläßlich seiner Ermordung gleichsam kontrapunktisch die Plärr-Fassung entgegen:

»Oooohimää!«

Und nachgeradezu dialektisch werden diese beiden »Ohimès« am Ende der Oper zur Synthese geschmiedet. Der Gouverneur stirbt, daß es einem ganz anders wird und, mit Professor Rösselmann zu reden, »direkt in die Seele fährt«:

»Io moro, ohimè, miei figli!«

Sehr schön, sehr schön, na, wer sagt's denn. Den Weltrekord aber ohi- und ahimè-mäßig hält Verdis übernächste Oper »Don Carlos«, die, damit synchron, zum Höhepunkt der italienischen Oper *grosso modo* und überhaupt avanciert. *Da* ist erst was los! Acht Stück »Ohimè« und »Ahimè»! Toll! Den Anfang macht die hochsensible Elisabetta mit zwei supernervösen »Ahimès«, als sie erfährt, daß sie nicht den Infanten, sondern den alten tattrigen Philipp heiraten soll. Dieses Gefühl teilt

sofort der Infant Don Carlos, wenn er, typisch infantil, gleichfalls seine Felle davonschwimmen sieht: Zwei geradezu festliche »Ohimès«, in Pracht-Oktaven geschmettert, sind fällig.
Dann ist wieder Elisabeth dran, mit einem schön-entsagungsvollen »Ohimè«, als sie im 3. Bild, ganz *cherchez la femme*, durch die Ehe mit dem alten Sack bereits gezeichnet, *comme il faut* die Rampe betritt, die für sie nun mal die Bretter bedeuten. *Rien ne va plus* — das meint dieses »Ohimè« *par excellence!*
In der Folge zeigt wieder Carlos, was er kann: Im großen Duett mit der Mutter wimmert er drauflos, daß es eine Freude ist:

»Ahimè, quest'alma è oppressa!«

»Weh mir, mein Herz verkrampft sich!« Der Infant lamentiert so wild und zügellos drauflos, daß der schönen Mutter angst und bange wird: »Ahimè, il dolor l'uccide — weh mir, der Schmerz tötet ihn!« — und tatsächlich nimmt das Elend gleich drauf so überhand, daß es bei Carlos nicht mal mehr zu einem anständigen »Ahimè« reicht, sondern nur noch zu einem merkwürdig kurzen und spröden »Ah!« — es ist wie die Vorahnung eines Verfalls . . .
Vorerst aber übernimmt die Prinzessin Eboli die Führung; nicht nur der Intrige, sondern auch der fortschreitenden Ahimiererei. Sie, die sich von Carlos geliebt glaubt, muß erkennen, daß der dumme Infant sie mit der Königin verwechselt hat. Der Effekt — na klar: »Ohimè!« Eboli schwört Rache, alles gerät gräulich durcheinander, und erst viel zu spät erkennt die Hofdame, was sie da angerichtet hat. Wiederum kann sie nur »ohimè« stöhnen — und endlich, in ihrer wunderbaren Arie in as, setzt sie der Oper die Krone auf die Palme:

»Ohimè, ohimè, o mia regina!«

Bedenklichst freilich, bedenklichst und bezeichnendst, daß zehn Minuten später der Marquis Posa bei der markanten Gelegenheit seines Ablebens überraschend auf das »Ohimè« verzichtet, ja, es ist, als ob er keins mehr zusammenbrächte! Sondern nur noch ein heiser-hingerissenes Krächzen — und dies, obgleich wenige Opernstellen »ohimè«-strategisch so großartige Chancen eröffneten wie diese:

»Carlo, addio! Ah! Ah . . . .«

— imè? Nein: Chrr. Pftt. *All out*. Die Krise des »Ohimè« ist da, sie ist die Krise des Belcanto und mithin die Krise der italienischen Oper überhaupt. Siehe auch Verdis »Simone Boccanegra«: Noch formiert Fiesco im Schlußakt ein strammes »Ohimè« — aber auch Simone stirbt schon ohne. Und im »Macbeth« weicht der Maestro gar auf ein horribles »orrore, orrore, orrore!« aus! Klar, daß da auch die Epigonen schwach werden und es nur noch zu einem halbherzigen »Ah, ah! ah! ah!« bringen, wie etwa die Seeleute in Ponchiellis »La Gioconda«. Oder nehmen

Sie Puccini, den Erbverwalter Verdis: Noch stemmt Johnson in »Das Mädchen aus dem Goldenen Westen« ein goldenes »Ahimè! Ahimè! Vergogna mia!« heraus – aber im Schwanengesang der »Turandot«, wenn sie, das kleine Mädel, die Liu, sich erdolcht, geht auch bei Puccini schon fast überhaupt nichts mehr: sondern nur mehr ein merkwürdig diffuser, unartikulierter Schreckensschrei des alten chinesischen Volks wird buchstäblich laut; hören Sie abermals in Ihren Musikschrank hinein:

»Aahuuuuhooooohaaaah!«

Pfui Teufel. Die Blütezeit der italienischen Oper geht zu Ende und mit ihr dieser Essay. Die Ära der großen klassischen, markerschütternden »Ohimès« hat sich ausgeärat. Es folgen die erste technische Revolution (siehe Ravels »L'heure espagnole«, wo sogar ein Uhrmacher zum Einsatz kommt!), der verdammte Klassenkampf und Marcuses große Weigerung, mit anständigen Mitteln zu sagen, wann und wo es wehtut. Nein, lieber beißen diese Dumm-Marxisten ihre verbohrten Zähne zusammen und verweisen auf Kuba und – ach Gott – –

– damit aber nochmals klar wird, wie schön das damals, tief in der Hochblüte der italienischen Oper, alles war, hören Sie, Opernfreund, jetzt zur Strafe alle erwähnten »Ohimès« und Ahimès« auf Ihrem Grammophon schnell hintereinanderweg an! Fertig? Los! Jawohl, zuerst »Don Giovanni«, dann »Cosi fan tutte«, »Lucia« – nein, nicht das »Hoiho« aus der »Götterdämmerung«, nicht dieses dämliche, unwürdige, deutsche Wagner-Zeugs, bzw. nein, hören Sie sich diesen Siegfried-»Hoiho«-Rabauken ruhig zwischendurch mal an, dann merken Sie den Unterschied! Also »Götterdämmerung«, 3. Aufzug:

»Hoiho! Hoiho! Hoiheee!«

Einfach lächerlich! Typisch Wälsungenblut! Kein Vergleich zum »Ohimè«! Also weiter! Alle »Ohimès« aus Ihrer protzigen Diskothek noch einmal! –

– – – furchtbar, furchtbar. Und mit diesem schönen Gesamteindruck, Freunde der italienischen Oper, möchte ich Sie verabschieden und Ihrem persönlichen Schicksal überlassen, sei's dem Wahnsinn, sei's den Rolling Stones. Ich hoffe, daß Sie durch meinen Beitrag um kein Deut klüger, aber auch nicht intelligenter geworden sind, ecco, wozu auch? – und von der kritischen Reflexion im Geist der Frankfurter Schule will ich erst gar nicht aufhören. Halten Sie sich fest, Obacht, daß die dramaturgische Idee des »Ohimè« als Ausdruck immanenten Weltschmerzes (Frl. Daniel, auch wenn dies Buch Ihnen dezidi . . . scusi: dediziert ist, wegen ihrer engagierten Kartenbesorgerei, wird jetzt trotzdem bis zum Ende strikt und dezidiert weitergelesen!) der Ichbewußtheit und Hölderlinschen Leidensinbrunst in ihrem Kontext zum bürgerlichen Idealismus –

ohimè, ohimè! — — ja ja, ist gut, finita, finita. Ich danke Ihnen für Ihre Aufmerksamkeit. Sie waren das beste Zuleserpublikum, das ich je hatte. Aber ehrlich, ich hatte ja auch noch nicht viel.

Definitionen

Oper ist die Phantastik des Wirklichen und die Wirklichkeit des Phantastischen.
Oper ist organisierter Krach.
Oper ist die Utopie vom nicht entfremdeten Leben im entfremdeten.
Oper ist die sinnliche Darstellung unserer inneren Bilder (Archetypen), die sonst vom Realitätsprinzip beschnitten werden.
Oper ist, wenn der Bürger zum Menschen transzendiert (Adorno).
Oper ist, wenn er raufsingt, daß sie runterkommen soll.
Oper ist die sinnliche Darstellung des Sinnlosen.
Oper ist das Richtige im falschen Leben.
Oper ist, wenn das Ohr zum Auge und das Auge zum Ohr wird.
Oper ist eine Versammlung ... zum Zwecke der Selbstpeinigung vereinigt (Schopenhauer).
Oper ist der Traum, den wir von uns selber haben.
Oper ist Sozialismus. Irgendwie, irgendwo.
Oper ist, wenn hinter der bürgerlichen Fassade von Ordnung und Violinschlüssel und allem die Anarchie hervorschauert.
Oper ist der reine Kosmopolitismus. Mit Ausnahme der Neger.
Oper ist der fabelhafte Versuch, die Fabel der antiken Tragödie mit der Parabel der christlichen Romantik zu vermählen.
Oper ist die Vollendung des Unvollendbaren und mithin Endlosen.
Oper ist die Kunstform, die den Bourgeois wenn schon nicht zum Menschen, so doch zum Citoyen schmiedet, wie Thomas Mann vergessen hat zu sagen. Ausnahme: der Neger.
Oper ist das Heimweh der blauen Blume. Nach was? Richtig! Nach der Romantik. Oder was.
Oper ist die Kunst, mit vielen Tönen trotzdem die allerfalschesten zu vermeiden.
Oper ist sexy-dufte.
Oper ist jene Kunstform, welche, auf der Suche nach ihrer eigenen Idee, die Balance von Rausch und Vergessen in seiner (seiner? ihrer!) radikalsten Gestalt intendiert, was aber der Neger nicht versteht.
Oper ist dieses, was noch nicht ist, das verloren Geahnte, unsere im

Ein Zwischenfall bei der »Rheingold«-Probe

3
4
Ei GOTTVERDAMMICH
HIMMEL ARSCH UN
ZWIRN NOCHEMAL

Dunkel, in der Latenz jedes gelebten Augenblicks verborgene Selbstbegegnung, Wirbegegnung, unsere durch Güte, Musik, Metaphysik sich zurufende, jedoch irdisch nicht realisierbare Utopie. Frei nach Bloch, entgegen dem Selbstverständnis des kleinen Negers am Schluß des »Rosenkavalier«.
Drum soll man keine Neger in die Oper hereinlassen. Ausnahmen: »Porgy and Bess«, »Lulu« und »Jonny spielt auf«.
Die Oper »Ein Mann wird Neger« könnte trotzdem ein reizvolles Sujet abgeben.

Das dreizehnte »Addio« war tödlich

Der ewige Abschiednehmer Riccardo aus »Maskenball«

Rispettoso omaggio a
Carlo Bergonzi

Im Abschiednehmen waren die Welschen schon immer ganz gut. Ihre bisher stärkste Kraft in dieser Richtung aber stellte sich am 17. Februar 1859 im römischen Apollo-Theater vor. Im Rahmen einer seltenen Beifallsorgie, welche die Uraufführung von Verdis »Un ballo in maschera« umbrandete, verabschiedete sich in bis dato ungeahnter Penetranz & Schönheit der Tenor und Gouverneur von Boston, Richard Graf von Warwich, vom Leben und was ihm sonst alles abschiedsreif dünkte.
Dieser Gentleman – im Original heißt er Riccardo – ist ein Herr der besonderen Art, einer ziemlich opern-atypischen. Ohne Frage gehört ihm eine der schönsten, schmelzendsten, bezauberndsten lyrisch-dramatischen Tenorpartien der italienischen Oper; an kantablem Raffinement übertrifft ihn bei Verdi keiner vom Tenorfach. Belcanto dezidiert neapolitanischer Notierung und Glut schwelgt im »Maskenball« wie in kaum einer anderen Verdi-Oper – und beim Herrn Riccardo ganz besonders. Das schlechthin Schöne der Partie hat nun aber den Blick verstellt auf eine dramatisch-psychologische Konstellation, die diesen scheinbar so harmlos *con forza e grazia* vor sich hintränenden und tenoralen Wohllaut verbreitenden Mann zu einem der merkwürdigsten in der Opernwelt macht. Wenn man den Figuren Verdis, verglichen etwa mit denen Mozarts, eine gewisse Einfalt und Eingleisigkeit des Denkens und Fühlens nicht absprechen kann, dem im allgemeinen nur schnurgerade

Antithesen wie Pflicht und Neigung, Liebe und Vaterland, Treue und Rache gewisse musikalisch manifeste Seelendifferenzierungen abzuringen vermögen: dann fällt Riccardo in einer Weise aus diesem Verdischen Gestaltenpanoptikum, die ihm eine späte Analyse verdient hat; künftigen »Maskenball«-Besuchern zum Wohle.
Was ist los? Dem Anschein nach fast noch mehr Herzensgradlinigkeit als bei den Kameraden Manrico, Alvaro und Radames. Zu beobachten ist: Ein irgendwie guter Mensch, des rechten Dranges nicht immer genau bewußt, aber immerhin, der tragende Konflikt seines Gouverneurslebens, dem Untergebenen und Bariton René-Renato ein solider Freund zu sein und gleichzeitig dessen Gattin Amelia zuerst heimlich im Herzen, dann zumindest verbal auf schaurig-romantischem Brachfeld zu lieben und von ihr wiedergeliebt zu werden — dieser Konflikt wird von Riccardo (freilich, nachdem's schon zu spät ist) potentiell edel, staatsmännisch und letztlich gut gelöst: durch Entsagung; was ihm leider das Leben nicht rettet, sondern er geht glänzend ein in die strahlende Kühle jenes Schattenreichs, in dem alle besseren Heroen Verdis enden.
Soweit die äußere Lebensbahn des Gouverneurs — zu seiner innern hat sie kaum Bezug. Die hat sich längst — wahrscheinlich schon vor Beginn der Oper — selbständig gemacht. Wie das? Sein trauriges Schicksal, das nicht eben tragisch zu heißen ist, ist Riccardo nur willkommener Anlaß, einem ergriffenen Publikum seine exponiert befremdliche Psyche vorzuleben und vorzusingen.
Riccardo ist der ewige Abschiednehmer aus der Welt der Oper. Allein im Zuge des letzten »Maskenball«-Aufzugs nimmt unser Mann dreimal in großem Stile Abschied — und siehe, beim drittenmal hat er endlich Grund dazu. Es lohnt, die drei Etappen im Detail zu verfolgen:
Der erste Großabschied ereignet sich noch als Fiktion, als scheint's noble Entsagungsgebärde, als Abschied von Amelia — freilich nicht allein. Den Rahmen gibt die große c-Moll-Arie »Ma se m'e forza perderti«, die sentimentalischste aller italienischen Opernarien: Ein gemächlich wiegender Dreivierteltakt trägt den Ausdruck sowohl eines passioniert Expressiven als auch schon sanft Jenseitigen, Ätherischen. Weltentsagung unter starkem emotionalen Aufwand ist der Inhalt dieser Musik; unverwechselbar verdisch die Spannung zwischen »erhaben« und »gemütlich« — Verdis berühmte und fast immer zu Unrecht geschmähte Drehorgelästhetik. Zarte dynamische und harmonische Stufungen leiten über vom dumpf-resignativen c-Moll zu einem weniger strahlenden als abendlich mattschimmernden C-Dur. Riccardo, voll in der eigenen Chimäre befangen, umbalzt in Gedanken das Scheiden von Amelia — nach Verdis Vorschrift »smorzando«, »molto piano dolcissimo« »con slancio«, »espressivo«, »cupo« — eine reichhaltige Skala von Emotion.

Wichtig die Textpassagen: Von einem »presagio m'assale« ist die Rede, dem Gouverneur schwant, ganz abstrakt, nichts Gutes; die Imagination des Scheidens ist ihm »quasi un desio fatale«, man staune: eine fast fatale Lust! Deren Ambivalenz zeichnet präzis der im äußersten Piano zu singende Schlußteil der Arie: »Come se fosse l'ultima ora del nostro amor – als ob es die letzte Stunde unserer Liebe wäre«, und im folgenden wird diese fatal-lustvolle »ultima ora« gleich viermal und in schmerzlich-leuchtenden Melodienbögen beschwörend wiederholt – wer einmal dies Arienwunder, sei's geschluchzt von Carlo Bergonzi, sei's geknödelt von einem Trio angesüffelter alter Männer in einem italienischen Eisenbahncoupé gehört hat, der hat sein Leben lang einen Schimmer davon, was »schmerzlich-schön« sein kann.
Immerhin, vorerst meint die »ultima ora« allein das Scheiden vom Liebchen. Doch schon und unvermerkt hat sich der Anlaß zur fixen Idee ausgewachsen, der Schmerz zur Lust sich wahrhaftig »sublimiert«. Riccardos zweite und steinerweichende Abschieds-Cour steigt – real und in der Oper – keine zehn Minuten später, in einem wonnig in sich selbst schwelgenden Des-Dur-Duett mit der schönen Amelia über elegante Ballettmusik hinweg, auf welche »Interferenz«-Techniken Verdi seit dem »Rigoletto» kaum weniger gut sich verstand als Mozart im »Don Giovanni«. Die in der Arie sich anmeldende Lustkomponente von Abschied wird forciert mit der Botschaft an Amelia: Sie habe sofort mit Renato nach England zurückzureisen. »In Inghilterra!« entsetzt sich die Dame – »Mi schianto il cor, mir bricht das Herz«, bescheidet Riccardo in fortgeschrittenem Gefühlszwiespalt zwischen Seelenharm und einer Vergnüglichkeit, die schon durchaus sadomasochistisch blinzelt. Oder ist es schiere Indolenz?
Solche Nuancen rechtfertigen die Länge dieses Duetts, die den Herausgeber des deutschen Maskenball-Klavierauszugs Ermüdungserscheinungen befürchten läßt – der daher für Kürzungen plädiert. Nichts wäre angesichts der Capricen, die es enthält, verkehrter. Die Länge des Duetts reflektiert seine leise Ironie: Abschied wird jetzt endgültig zum Kunstwerk. Wiederum in sanft wiegendem Dreivierteltakt – Verdis Syntax für ätherische Seelenflüge – besteht Riccardo auf dieser Reise, so die Wucht seines absoluten Abschiedwillens an die Dame zu bringen. »Ma partirai, ma addio« – worauf Amelia, wie von ihm insgeheim erhofft, »con disperazione« ihr schmerzzerfleddertes »Riccardo« zuerst in Ges, dann in As zur Decke des Ballsaals hinaufjammert; wozu wiederum, wie ein Echo stilistisch perfekten Elends, der Tenor auf (seinem zum Lieblingston avancierenden) Ges ein entsagungswütiges »vi lascio, Amelia« nachschluchzt.
Die Bahn zum nächsten Höhepunkt ist frei. Noch einmal schmachtet

Amelia ihr »Riccardo!« – die Startchance für diesen, zu einer Star-Melodei voll edler Einfalt und tranig-sämiger Größe anzusetzen: »Anco una volta addio, l'ultima volta addio! Addio!« Auf welches – vorerst letzte – »Addio« Amelia auf dem tiefen As, keine Banalität scheuend, die Lauschigkeits-Sext zum Tenor-F improvisiert: eine Figur ebenso simpler wie plausibler Entsagungsdramatik samt Weltentrückung – die erst Gatte Renato, den Dolch im Gewande, zerstückelt, indem er mit einem »Ja, nimm du nur Abschied!« äußerst grob in die Parade fährt und das Idyll unlind beendet.

Nach diesem zweiten Großabschied wird's ernst: Riccardo schaut, ihm selbst überraschend, dem Abschied in seiner vollen Tragweite ins düstere Auge, wer hätte das noch gedacht! Daß der Gouverneur die Sensation haltungsmäßig untadelig und musikalisch mit nimmermüder Einfallskraft meistert, macht seine Person sympathisch in hohen Maßen. Denn tatsächlich bringt der Sterbende eine weitere Steigerung im Rahmen der dreiteiligen »Addio«-Feierlichkeiten zustande – eine schon nimmer erhoffte. Nachdem sich der Chor in seinem Abscheu über die feige Mordtat ausgeschimpft hat, nimmt Riccardo das Heft musikalisch sofort wieder in die bewährte Hand. Stockend rezitativisch zitiert er erst einmal den treulosen Renato zu sich, er möge ihn anhören; worauf das Orchester »dolcissimo« in hehrste Des-Dur-Sphären hinüberschwingt – am schönsten stirbt sich's bei Verdi immer in Des (oder in den verwandten As und Ges). Umschmeichelt von Violinenterzen, dann von weichen Klarinettensextolen in g-Moll stimmt der Sterbende, »in braccio a morte«, wiederum »dolcissimo con espressione« die wohl erlesenste Melodie aus seinem Abschieds-Repertoire an; wobei sich das jenseitig-verhangene Des-Dur – schlagender Einfall, wie er nur Verdi zu Gebot stand! – plötzlich wie in einen weit offenen Himmel nach B-Dur auflichtet: »Ich gesteh, daß ich sie liebte, doch dein Weib blieb treu und rein.« Leicht geflötet, jetzt, im Hochgefühl des eigenen, durch Ermordung beglaubigten Edelmuts! Noch einmal und mit Applomb spürt Riccardo den Apartheiten der Des-Dur-B-Dur-Modulation nach: Wie in übergroßer Verzauberung über seine eigene, erst im Augenblick des Todes restlos gelungene Effektschinderei – und noch einmal rauscht es Noblesse: »Liebt ich sie, wollt ich des treuen Freundes Namen nicht entweihn« – worauf, wie erstrebt, die ganze triste Maskengesellschaft in ein namenloses Geschluchze der Rührung ausufert, als dessen Vorhut Amelia ihre stereotypen Synkopen auf dem hohen B placiert.

Doch keineswegs sprachlos gedenkt der Gouverneur zu erblassen, noch eine allerletzte Adelung seiner Abschieds-Festivitäten hat er sich rasch ausgedacht. »Hört mich an«, raunt er, »bevor ich sterbe« – um dann »grandioso« fortzufahren: »Tutti assolve il mio perdono – mein Verzeihen erlöst alle« — wobei der wohlgesonnene Hörer sich nun wirklich erstens fragt, warum der Gouverneur nicht nur den Mördern, sondern allen verzeiht, und zweitens, ob er denn nun größenwahnsinnig geworden ist und von einem »Ich bin die Auferstehung und das Leben« vielleicht nur mit Mühe Abstand nimmt. Wieder wählt Riccardo abgeschattetes Des-Dur, gleich wie ein abendliches Zurücksinken aus den Lichtfluten des B-Dur, ein Effekt, der in seiner musikalisch-psychotechnischen Delikatesse endlich sogar die Mitschurken Tom und Samuel in ihrer ganzen Ignoranz weich macht; so daß sie reuevoll in den Schlußchoral aller Leidtragenden einfallen, Gott möge diesem Edlen doch die verdiente Gnade schenken.

Doch natürlich, das letzte Wort gehört dem zähesten aller Abschiednehmer. In mächtig pathetischem Aufschwung trichtert Riccardo »con passione« sowie »con dolore« den Hinterbleibenden noch einmal seinen belcantogesättigten Edelmut in die aufgepeitschten Seelen — und vier weitere »Addios« sind fällig: »Addio, per sempre, miei figli, addio, diletta America . . . addio, miei figli . . . per sempre . . . ah! ohimè! io moro! miei . . . per semp . . .« Riccardo unternimmt eine letzte Anstrengung zum hohen B hinauf, die Stimme zittert, bricht, sinkt klanglos zurück in die Tiefen des Orkus. Das letzte Wort, in Baßlage, wie könnt's anders sein: »Addio«. Es ist vollbracht.

Wobei festzustellen ist, daß Riccardo, merkwürdig, keinerlei speziellen Abschied von der geliebten Amelia nimmt, um die es ja wohl doch permanent irgendwie ging — oder auch nicht. Halten wir weiter fest, daß es allein in den beiden großen Scheideszenen zu 5 + 5 = 10 »Addios« gekommen ist — vermutlich der Rekord innerhalb der ernsthaften Opernliteratur — und dies ausgerechnet bei einem Mann, der in seiner c-Moll-Arie angekündigt hatte, er gedenke »senza un addio« zu scheiden!! Ein wahrhaft maliziöser Witz, der nahe an die Rache-Technik des Don Ottavio heranreicht, mit welchem unser Bostoner Gouverneur auch darüber hinaus viel Gemeinsames im Sinn hat — darauf kommen wir zurück.

Die Quantität der »Addios« verweist auf die Idee. Wenn von dem italienischen Romancier Italo Svevo als von einem »geborenen Greis« gesprochen worden ist: einem Mann, der Leben nie anders zu verstehen vermochte als unter der Perspektive sinnleeren Alterns; dann wäre Riccardo der wahrlich geborene Abschiednehmer; die Idee eines immerwährenden Abschieds seine Verranntheit und Verliebtheit von Anfang an. Die Opernhandlung wäre dann nur Vorwand, dieser Passion zu leben und strahlend sie zu vollenden. Abschiednehmen ist des Gouverneurs *idée fixe* — und siehe, hinter der scheint's trivialen Opernfigur steckt eine ganze Menge Verdischer Ästhetik und, darüber hinaus, zeitgenössischer Philosophie, Pathologie.

Abschiednehmen ist auch Verdis Domäne von Anbeginn. Von Gilda und Violetta Valery über die mehrfachen Abschiedsmusiken des »Don Carlos« bis hin zu den Finali der »Aida« und des »Otello« — Abschied gab Verdi von jeher die inspiriertesten Musiken ein, wie sonst nur noch sein Pendant: die Geschlechterliebe; ja selbst die verblaßt beim reifen Verdi gegenüber der Gewalt von Abschied. Abschied, meist unterm Vorzeichen von Tod, ist Verdi nichts geringeres als der irdische Widerschein von »Erlösung«, der christlich-säkularisierten Idee seiner Opern. Das hat die Werke immer energischer geprägt: das fortschreitend Ätherisch-Sublime der musikalischen Notierung seit der »Traviata«, ja den ersten Opern; ein Umflortes, Verhangenes, ein fast klösterlicher Ton, die stets das »Andere«, nicht vom »irdischen Wahn Befangene« (Don Carlos) meinen — Simone Boccanegra »hebt« zuletzt buchstäblich von der Erde »ab« und von ihren »aspetti profani«. Eingedenken des Jenseits ist der eigentliche, ideale Lebenszweck. Erfüllung des Lebens besteht, gut spätchristlich, im permanenten Abschied von eben ihm. Was nachkommt, bleibt, auch innerhalb des katholisch-ritterlichen Kosmos der meisten Verdi-Opern, diffus. Der Tod avanciert zu einer Art Ersatzreligion, die Assoziation zum Marxschen Opium drängt sich auf. Die — und zwar opernhafte — Idee der Transzendenz selber transzendiert alles irdische Weh und alle Wirrsal.

Dergleichen steht im philosophischen Gebirge des mittleren 19. Jahrhunderts nicht allein. Der Konnex Abschied—Tod—Erlösung beherrscht nicht nur bis hin zum Exzeß die Musikdramen des deutschen Kollegen Schopenhauerscher Provenienz Richard Wagner: Machtvoll prangt er über großen Teilen von Geistesgeschichte der Epoche. Wobei Verdis scheint's so harmloser Gouverneur eine spezielle und fortgeschrittene Konzeption dieses Jahrhundert-Themas ganz besonders nachhaltig vertritt, die wohl zuerst von Kierkegaard auf den Begriff gebrachte »Krankheit zum Tode«, die sich so liest: »Die Qual der Verzweiflung besteht gerade darin, daß man nicht sterben kann. Sie hat um so mehr mit dem Zustand des Todkranken gemein, wenn er daliegt und sich mit dem Tode plagt und nicht sterben kann. Es heißt zum Tode krank sein und nicht sterben können, jedoch nicht, als ob da Lebenshoffnung wäre, nein, die Hoffnungslosigkeit ist die, daß selbst die letzte Hoffnung, der Tod, nicht kommt.« Und: »In der letzten Bedeutung ist nun Verzweiflung die Krankheit zum Tode, dieser qualvolle Widerspruch, diese Krankheit im Selbst, ewig zu sterben, zu sterben und doch nicht zu sterben; des Todes zu sterben.«

Dies desolate, potenzierte Siechtum korrespondiert mit wichtigen Teilen von Schopenhauers Pessimismus-Philosophie: ihrem Grundgehalt, daß Lebenswillen zu vernichten sei, einzugehen habe in die Erlösung, das

Nichts. Und es erscheint popularisiert bei seinem musikalischen Adepten, Wagner, am forciertesten im »Tristan«, welcher weniger Schopenhauersche als Kierkegaardsche Passagen oft nahezu wörtlich nachredet. Sterben und Nichtsterbenkönnen ist die Befindlichkeit der Wagner-Heroen vom Holländer über Tristan bis zu Amfortas, dessen Krankheit zum Tode sich endlich in der Not bieder christlich kuriert. Offen mag bleiben, ob die so propagierte Negation von Lebenswillen, ob Todessehnsucht bei Wagner die fehlgelaufene 48er Revolution reflektieren; die zugespitzte Spannung Leben-Tod scheint als »Jahrhundert-Stimmung« allgemeineren Ursprungs: Sie meint das vielzitierte »regressive Leben«, das allerdings mit Frühkapitalismus einiges zu tun hat.
Erstarrung, Erkaltung des Lebens im Zeichen der großen heraufziehenden Wunder des Fortschritts: Davon redet schon Eichendorff; handelt Gottfried Keller nach 1848 im programmatischen Gedicht »Lebendig begraben«; darum geht es zentral im Werk Tschechows, dessen fast ausschließliche Idee eben deshalb Abschied ist, realer und »symbolischer«: das mähliche Zurücksinken ins Namen- und Wesenlose; Dauerabschied als *élan vital!* Das laute Jahrhundert manifestiert sich bei seinen empfindsameren Deutern als ein zutiefst todessüchtiges; das doch eben nicht sterben kann: Im mythischen Hintergrund der philosophischen Szenerie stehen Tantalus und Sisyphus.
Der aktueller Philosophie nicht sehr geneigte Verdi hat dem Thema mit seinem penetrant abschiedswütigen Riccardo eine originelle und sinnliche — und durchaus witzige — Variante abgewonnen. Naiv führt Verdi Abschiednehmen in Permanenz vor, wobei er nicht nur hübsch im Unklaren läßt, ob sein Protagonist seiner Krankheit sich bewußt sei — wahrscheinlich ist er's nicht, keinesfalls aber im Grade seines deutsch-nordischen Bruders im Geiste Tristan. Diesem hat der Gouverneur dafür durchaus voraus, daß er seine Zuhörer nicht mit philosophischem Tiefgang belästigt. Oper ist Oper, und Riccardo bringt sein Anliegen gleichsam durch die Hintertür ein, durch schöne Arien. Wenn Tristan vor allem Todessehnsucht verbalisiert, führt Riccardo sie belcantistisch vor.
Dem »philosophischen« Krankheitsbild einher geht das »psychologische«. Riccardos Abschiedsmanie erwächst aus Schwermut, dem Nervenzentrum seiner eher vagen Todessehnsucht. Genial-naiv hat Verdi den Typus des modernen Schwermütigen konturiert als eine Mixtur aus dem klassischen Melancholiker und Sanguiniker zugleich — in der Sprache der Psychologen: als den Manisch-Depressiven, dem das Wechselbad der Stimmungen als »endogene Psychose« Lebenselixier wird: Riccardo, bevor er sich der Idee des Abschieds restlos verschreibt, stellt sich — musikalisch — zuerst vor als ein äußerst aufgekratztes Männlein. Seiner Auftritts-Arietta mit dem schmelzenden, die Partitur leitmoti-

visch durchziehenden Amelia-Thema schließen sich Nummern von merkwürdiger Skurrilität an, von einer teilweise exzessiven Heiterkeit: etwa die virtuose Geschwindstretta im Staccato-Leggiero-Stil der ersten Romanze oder das von Riccardo angeführte Lach-Quintett, dessen groteskkomische Tönung Verdi sicher nicht deshalb in die Oper eingebracht hat, um dieser die Balance Hell-Dunkel aufzukleben. Der kompositorischen Richtigkeit kommt die psychologische durchaus entgegen: Beide Male beschreibt das musikalische Irrlichtern die andere Seite des Melancholikers: den Clown seines eigenen, wenn nicht gespaltenen, so doch stark dissoziierten Ich. Das so »gebrochene« Menschenbild erinnert an die einschlägigen Gestalten Jean Pauls und Dostojewskis, aus einer scheinbar konfusen erwächst eine prototypische Gestalt des 19. Jahrhunderts.

Dabei lohnt es durchaus, Herrn Gouverneur bei seinem Marsch durch die drei Opernakte aufmerksam zu begleiten. Mit einem gloriosen »Zu wachen über euch bin ich ja da« stellt sich der Herr über Boston vor, um dann sofort mit seiner Fis-Dur-Arie »La rivedra nell'estasi« ins verzehrend Amouröse zu entrücken. Seltsam genug auch: Der, von dem der Chor preisend singt, »sein einz'ges Ziel ist unseres Landes Glück«, der denkt im Traum nicht daran, sondern im gleichen Augenblick allein an die Frau seiner Träume, genauer und verblasener: an deren »Stimme holden Klang«. Überhaupt – ein extrem dubioser Landesvater! Sein erstes und einziges Staatsgeschäft an diesem Tag ist der Beschluß, die Zigeunerin Ulrika aufzusuchen, treuherzige Begründung: »Es wird mich sehr erheitern.« Im Terzett mit Ulrika und Amelia vernimmt der müßiggehende Gouverneur dann äußerst gut gelaunt letzterer Liebeskonfession, und schon bevor ihm die bittere Todesprophezeiung zuteil wird – nicht nachher! –, spielt Riccardo ganz überraschend mit dem Gedanken an Abschied und Untergang: nämlich in der der neapolitanischen Kanzone nachempfundenen Romanze »Di' tu, se fedele il flutto m'aspetta« – und dies ist nun wirklich das kurioseste Musikstück des »Maskenball«: die fast sinn- und gegenstandslose Phantasie von Schiffbruch und Niedergang, Heimatempfinden und Liebestreu – im Gestus zwischen extremer Sentimentalität und burleskem Übermut schaukelnd. Und ominös: Scheinbar nur um einen Reim auf »amor mio« zu finden, bringt hier schon Riccardo sein nachmals so geliebtes »Addio« unter – angeblich sagt ihm da irgendein Liebchen, weich vom Weinen, Ade. Endlich die zweite Strophe weist nach, daß nicht der Zufall eines schlechten Textes, sondern Planung waltet, wenn Riccardo im Zusammenhang mit den »dolci canzoni« der Heimat – nicht Bostons natürlich, sondern jetzt unverkennbar Neapels – es sich wiederum nicht nehmen läßt: »Che i baci ricordan dell'ultimo addio – denn die Küsse erinnern an den letzten Abschied.«

Zweideutigkeit regiert; musikalisch manifest gemacht im wundersam-wehmütigen Schwanken zwischen As-Dur und as-Moll, ein Verfahren, das Verdi schon in der Leonorenarie des »Troubadour« und später in der Eboli-Arie des »Don Carlos« anwendet. Psychologisch meint das ganz unmotivierte Addio-Getändel den Tick, den *Spleen*, den auch Tschechow im Auge hatte, z. B., als er seinen Modell-Melancholiker Ivanov beschrieb. Das letzte Lebewohl — eingebracht schon im 1. Akt — womit sich die Zahl der von Riccardo geschluchzten »Addios« nebenbei auf 13 erhöht! Die Technik erinnert entfernt ans Wagnersche Leitmotiv, nur mangelt ihr ganz dessen durchaus teutsche Gravität. Verdis und seines Textdichters Antonia Somma Anspielung ist von verblüffender Diskretion, ja »Leggierezza«, sie empfängt ihren Gehalt einzig aus dem »geheimen Innenleben« des Gouverneurs, der freilich erst vom Ende her interpretiert werden kann!

Dem Mischcharakter entspricht der tragisch-komische seines Schicksals — und den erheiternden Aspekt der Figur dürfte eigentlich nur sturste Opern-Ignoranz übersehen. Riccardo, als Manisch-Depressiver unfähig zu wirklicher Initiative, offenbar auch allergisch gegen ernsthafte Staatsgeschäfte, ist der Maniker von Abschied und Sterben, der von beidem auch schon träumt, wenn die Sonne Bostons warm ihn noch bescheint. Riccardos tendenziell immerwährendes Addio ist nicht Todesahnung noch -angst, die durch die Zigeunerin motiviert wären: Deren Spruch gedenkt er vielmehr kein einziges Mal mehr im Verlauf der Oper; das Orakel ist ihm allenfalls, unbewußt, Katalysator, sich immer rettungsloser in die Attraktivität, ja Bonhomie des Todes zu versenken. Der Typus war von Beginn der Oper an entwickelt, musikalisch übrigens sehr schön einheitlich durch eine Woge verhangener B-Tonarten, der Reihe nach: as-Moll, As-Dur, B-Dur, F-Dur, d-Moll, As-Dur, c-Moll, Des-Dur, B-Dur, Des-Dur — womit die Oper endet: sozusagen als Grundton von Melancholie.

Das ganze Elend ist natürlich libidinös begründet. Die Erfahrung von Lust als Krankheit und Krankheit als Lust haben vorrangig Wagner und Baudelaire dem 19. Jahrhundert heimgebracht. Daß im gleichen Zug Schmerz mit Schönheit zu tun hat, hat nicht erst die Décadence entdeckt. Verdi hat aber mit seinem Riccardo dazu einen aparten Aspekt beigesteuert. Der schlechthin schön singende Tenor-Gouverneur, das meint: Die Maske des Melancholikers ist das Pathos des Sublimen, des immerwährenden und über alle Barrieren recht eigentlicher Trivialität erhaben schreitenden Edelmuts. Wenn von der Artverwandtschaft dieses ewigen Abschiednehmers zum geborenen Greisen Svevos die Rede war, auch von der zu Tristan, so sticht musikalisch eine andere ins Auge: die zum Don Ottavio aus dem »Don Giovanni«, dem (möglicherweise) ewigen

Bräutigam und in dieser Funktion zum Melancholiker herunter-, aber auch hochgekommenen Manne. Er ist Riccardos engster Geistesfreund: Mit ihm teilt der Gouverneur nicht nur die exorbitante Vorliebe für ausgesucht edle Kantilenen, sondern, mehr noch, die Insistenz auf einer durchaus belcantistischen Lebensgestaltung, komme was da wolle! Belcanto in der besonderen Ausprägung von tenoraler Noblesse meint hier wie dort sozusagen die würdigste Form von Melancholie. Hinter Belcanto sucht und findet beider Herren Elend Schutz und transzendiert es — in etwas ebenso Vernebeltes wie Versöhnendes. Die Maske figuriert als Surrogat des gewissermaßen kranken, dissolaten Menschlichen. Die Krankheit zum Tode geht ein in schönen Schein.
Von hier aus die Masken-Thematik des 19. Jahrhunderts über den Titel der Oper in die Argumentation einzubringen, wäre sicher überinterpretiert. Es ist schöner Zufall, daß die Assoziation — wenn auch kaum nach Verdis Absicht — stimmt. Der Gouverneur von Boston ist so sehr Maske schöner Menschlichkeit, wie diese Ausdruck von Utopie des rechten Lebens. Und deren musikalisches Symbol ist — Neapel, ist Sorrent.
Hier findet seine Konklusion, was dem Gouverneur an Abschiedsmanie und Jahrhundert-Typik aninterpretiert wurde. »Ein Maskenball«, ursprünglich zur Uraufführung in Neapel bestimmt und dann aus Zensurgründen ins politische Niemandsland Amerika verlegt — die Oper ist Verdis Huldigung an diese Stadt, an die neapolitanische Musik als einer — um einen etwas pompösen Begriff aus der Literaturwissenschaft zu übernehmen — »rückwärtsgewandten Utopie« vom erfüllten, naturhaften, nicht beschädigten Leben. Der 46jährige Verdi komponierte das Epochengefühl des regressiven Lebens in eine Oper mit ein, die wie keine andere das Andenken ans erfüllte bewahrt. Der sich selbst »der Bär« nannte und dessen Natur und Habitus Rustikalität nie verleugneten, der war in Wahrheit einer der fühligsten; die Auflösungssymptome des Jahrhunderts waren dem sehr präsent, der sich scheint's restaurativ, ja reaktionär allerlei Kolportage-Sujets widmete.
Das Leben stirbt, und nur der Abschied von ihm bleibt lebendig. Im »Maskenball« hat Verdi die Epochengefühle vom sterbenden und doch kurios verharrenden Leben, eben der Krankheit zum Tode, hintersinnig theatralisch gemacht als der — jeder Abschied enthält ein Versprechen — rückwärtsschauenden Vision vom Goldenen Zeitalter, wenn man es neudeutsch will: vom befriedeten Leben; von dem wenige Musik emphatischer redet als die der neapolitanischen Kanzone, deren Ton Verdi an den entscheidenden Stellen des »Maskenball« nachempfindet.
Skurril und rührend bleibt es, daß ausgerechnet der Gouverneur von ausgerechnet Boston dies Wiegenlied vom schwindenden alten und erträumten neuen Leben zum Vortrag bringt — aber auch fast symbolisch:

als blankes Heimweh nach dem fernen Neapel. Denn wenn dieser Riccardo anläßlich seines drittletzten »Addio« mit Passion Abschied vom »diletta America« nimmt, in einer hinreißenden kanzonennahen Melodienkurve – dann wird's endgültig ironisch, und diese Ironie erreicht jene Zone von Irritation, die der alte Goethe anläßlich des Faust II »tiefsinnige Halbscherze« nannte. Ein solcher ist es nämlich, die groß ausgeschwungene gedankliche Kurve von Abschied zurückzunehmen zur Einfalt des Volksguts: Neapel sehen und sterben. Oder wie es die Canzone singt: »Santa Lucia, luntano a te quanta malincunia!«
Der Gouverneur sehnt sich – Amelia hin und Maskenballhandlung her – so sehr nach Neapel, daß er an dieser Nostalgia dramatisch eingeht. Das »ideale« Neapel, seine Aura vom richtigen Leben, ist die Krankheit zum Tode dieses US-Herrn; Renatos Waffe hilft dem gnädig nach.
Noch platter: Riccardo sehnt sich am Ende dahin heim, wo ihm Originalgestalt und Uraufführung verweigert wurden.
Wollte Verdi eine komische Oper schreiben? Der Komödienschluß läge nahe, daß Ricardo nach drei Großabschieden immer noch nicht sterben kann. Seine Abschiedslust ist *circulus vitiosus*, logisches Unendlichkeitsparadox. »Alle Lust«, wußte Nietzsche, »will Ewigkeit.« Das leuchtet ein. Wenn aber die Lust auf die Ewigkeit selber sich richtet bzw. auf den fortwährenden Sprung zu ihr – ist das nun paradox oder besonders sinnig? Verdi dachte nicht beckettisch genug, als daß er seinen Mann rettungslos am Leben gelassen hätte. Großzügig hat er ihn erlöst. Komisch bleibt es aber gerade deshalb. Denn der Gouverneur dürfte doch ziemlich belämmert dreingeäugt haben, als es plötzlich und unerwartet ernst wurde mit dem Sterben, dieser eigentlichen *quantité négligeable*. Durch einen Zufall, einen Regiefehler, ein Mißverständnis: ein modernes Surrogat von Tragik.
Überhaupt bleibt vieles unklar. Ist Todessehnsucht nicht doch eher spezifisch deutsche Malaise, wie Thomas Mann wiederholt klagte? Ist diese Krankheit tatsächlich eine des 19. und nicht eher des 20. Jahrhunderts – wie Erich Fromm meint, wenn er der Gegenwart wesentlich die Tendenz zu Abschieds- in Form kollektiver Vernichtungswut attestiert? Hat Verdi am Ende Kafkas Jäger Gracchus antizipiert, die Allegorie vom Bürgertum, das nicht sterben kann?
Oder wollte er doch nur schlicht die Unendlichkeit italienischer Abschieds-Couren parodieren? Oder wie oder was?*

* Die aufgewecktesten Leser werden's schon bemerkt haben: In diesem Buch alternieren komische, ernste und halbernste Texte in bunter Folge und je nach Thema – mit Bedacht: Das Fluktuieren gehört zur Idee des Buchs; zu seiner humoristischen Anlage. Bei dieser Gelegenheit ein Wort zum Thema Oper und Humor:

Opernhumor – auftretend ziemlich ausschließlich in der Form der (Bühnen-) Anekdote – ist fast immer einer der gräßlichsten, infantilsten, unsäglichsten. In Berührung mit Oper werden offenbar selbst sonst zurechnungsfähige Menschen entweder geschraubt – oder sie lockern ihre Schrauben derart rücksichtslos zum Geistverlassenen hin, daß *vice versa* Sorge um die Oper sich einstellen möchte. Macht Oper dumm?
Mit dem Humor ist es allerdings auch sonst so eine Sache. Wenn überhaupt, soll er sich durch ein Täfelchen »Humor« annoncieren: damit keiner auf ihn unvorbereitet sei und etwa durch Nichterkennen sich blamiere. Im Umkreis eines immer noch so falsch-weihedurchtränkten Gebiets wie der Oper besonders. Entweder Humor hat zu unterbleiben – oder sich deutlich und durch Etikett als solcher und besonders dämlicher, möglichst analphabetischer auszuweisen: Manche der in diesem Buch abgedruckten komischen Texte wurden von der Funkanstalt jeweils und notorisch nur an Silvester oder Rosenmontag gesendet. Auch Mischformen, zwischen Ernst und Alberei manövrierende, sich selber verwirrende, sind entschieden *tabu*.
Ist, so fragt man sich betreten, ja betroffen, speziell der musikalische Mensch, der Opernfreund, tatsächlich einer der mental unbegabtesten? Legt Oper jedenfalls den *nervus humoristicus* lahm? Hängt's damit zusammen, daß es, von Mozart abgesehen, ja auch kaum komische Opern von Rang gibt?
Man soll nicht aufgeben. Schon um den (deutschen?) Konsens, hie Spaß, dort Oper und Weihe, zu beleidigen, stehen in diesem Buch – und zugegeben, das »Umdenken« verwirrte auch die Verfasser hin und wieder – feuilletonistische, satirische und nonsensnahe Texte unbeschildert nebeneinander. Die musikalisch-opernbezogenen Informationen stimmen aber auch in den letzteren. Hundertprozentig. Nein, nur fast: In einigen ganz wenigen Fällen wurde mit Daten (Zeitangaben, Briefe u. ä.) geschwindelt. Die Fälle sind sehr leicht zu erkennen.

Drei Anekdoten

Immer wieder wird und wurde schon seinerzeit gemunkelt, Wagner habe unter seiner Zwergengröße sehr gelitten. Er habe deshalb nicht nur die wuchtige Cosima gefreit, sondern sich mit dem Germanenrecken Siegfried auch ein fiktionales Ich-Ideal geschaffen. Auch Nietzsche sprach Wagner eines Tages auf diese Identifikation an, worauf aber Wagner retour fragte, warum er, Wagner, dann seine körperlichen Ebenbilder, Beckmesser und Mime, so abstoßend gemacht hätte. »Das liefe ja direkt auf Autoaggression, auf Selbsthaß hinaus!«, rief Wagner belustigt und sah den Philosophen lauernd an. »Da hast du recht«, dachte Nietzsche versonnen, zog es aber vor zu schweigen, und verschwand in tiefem Sinnen.

Ein sehr, sehr menschlicher Zug eines Genies

Dreben Sie sich mal um. Der Hintern muß auch noch ein wenig weg... so... ein Moment...
so nun haben wir's.

Weitermachen!
Muß man sich von einem Genie eigentlich alles bieten lassen?
Wenn du die Partie behalten willst schon.

Einmal nach der Uraufführung der »Entführung« war Mozart beim Kaiser Josef II. zum Abendessen eingeladen. »Sehr schön, Ihre ›Entführung‹«, sagte der Kaiser, »aber gewaltig viele Noten!« Mozart erwiderte: »Halten zu Gnaden, Eure Majestät, genau so viele, als nötig sind!« Darauf der Kaiser in seiner leutseligen Art: »Das ist die Hauptsache!«

Gluck erzählte dann später die nämliche Anekdote Gustav Mahler etwas anders: Einmal nach der Uraufführung der »Entführung« war Mozart beim Kaiser Josef II. zum Abendessen eingeladen. »Alles klar, Mozart?«, fragte der Kaiser. Mozart erwiderte: »Alles klar, Majestät!« Darauf der Kaiser in seiner leutseligen Art: »Hauptsache, daß es nach der Oper was zu spachteln gibt!«

Io t'amo — je t'aime — ich liebe dich

Figurationen einer gern gehörten Erklärung

Den größten, jedenfalls höchsten Lärm schlagen Mimi und Rodolfo am Ende des 1. »Bohème«-Akts, nachdem sie nun einmal am Weihnachtsabend händchenhaltend und mondumflort aufeinander zugeschneit sind. D. h., in der ersten Etappe geht es noch durchaus zivil, dezent, fast delikat zu. Die Kurz-Biografien sind wechselseitig erzählt, die Situation heischt geradezu zwanghaft nach erotischer Erklärung. »Che m'ami, di' — sag, liebst du mich?«, läßt sich der Schriftsteller und ergo Routinier Rodolfo nicht lumpen — und Mimi hat nur drauf gewartet; ihre Antwort kommt flink, schmachtend, fast automatisch:

Sehr schön, sehr leis — und pretiös: Mimi als Unschuld, wenn nicht vom Lande, so doch aus der besten moralisch-lyrischen Pariser Näherinnen-Schule. Ein (16 Minuten sind seit dem Kennenlernen vergangen) selbst für Opernverhältnisse rasend schneller *coup de foudre?* Mitnichten. Sondern forcierte Sozialromantik. Abgesungen ist der *dolcezza-estrema*-Schwall des »Ah, tu sol commandi, amor«, jetzt muß was passieren, gegen die gehorteten romantischen Requisiten (Gammel-Mansarde, Winternacht, Mondlicht, eine bleiche Schöne) — gegen diese Kollektion ist kein Kraut von Realitätsprinzip gewachsen. Die Musik ist (leicht ironisch wie im Fall des »Meistersinger«-Vorspiels) bei einem planen C-Dur gelandet – den Protagonisten ist nach einer verbalen Sanktionierung ihres vermeintlich unkanalisierten Gefühlsstroms zumute, nach einem buchstäblich in die Höhe geschraubten: »Ich lieb' nur dich allein – amor, amor, amor!« So tönt's als sphärisch verhallendes hohes C Mimis; Rodolfo erklimmt entweder mit oder bescheidet sich mit einer heimelig böhmisch-bohèmischen Sext E:

Gelogen wird viel. In der Liebe zumal. Hier in Form von hingerissenem Betrug und Selbstbetrug, sinnlich gemacht via vokale Spitzenproduktionen – die Szene hat in der Geschichte der frühen Gefühlsindustrie ihren Ehrenplatz. Was man in diesem »Bohème«-Finale auch noch als angestaute Unaufrichtigkeit der vermeintlich Zukurzgekommenen verstehen könnte, als Sehnsucht der Proleten nach jenen Sternen, die ihnen die Machthaber der kapitalistischen Welt nicht rauben können (eben die Entlarvung dieser Illusion ist Thema von Puccinis Oper) –: Das hat sein Gegenstück in der Liebesszene von Gounods »Margarethe«, in den galanten Gaunereien des Gelehrten und Vulgärpsychologen Faust vor dem kleinen Mädchen, das sich von der Berücksichtigung durch den »hohen Herrn« Emanzipation aus dem sozialen Ghetto verspricht. Über dem chaotischen Geschunkel des Faust-Walzers arbeitet der Tenor zuerst mit der melodischen Umgarnung des »Mein schönes Fräulein, darf ich's wagen?« – charmant abrupt geht's über zur wahrhaft faustdicken Balz, die fast zur puren Imponiergebärde des hohen H herunterkommt. So wie der Pfau sich spreizt und anderes Federvieh die imposantesten Körperverrenkungen vollzieht, so schwingt der Mann nach mehrfachem Anlauf zum Triumphschrei sich auf:

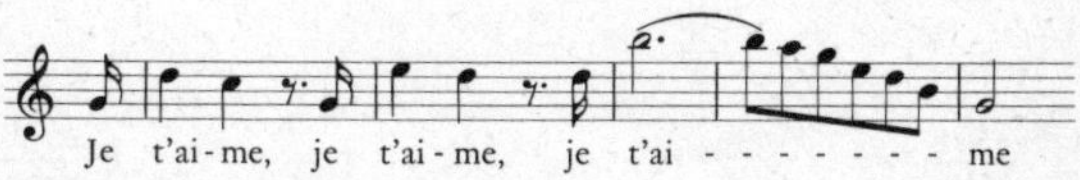

Dem tenoralen Kraftakt im mehrfachen Anlauf vertraut auch der Titelheld von Saint-Saëns »Samson und Dalila«. Das dreifache »Je t'aime« ist diesmal durchbrochen von Dalilas Glanzarie »Sieh, mein Herz erschließet sich«. Wieder meint die Steigerung der Höhe Steigerung der Glut, des Rangs der Passion – und einen kerngesunden Narzißmus dazu:

Der Überzeugungskraft der Höhe vertraut auch Lohengrin bei seiner *cour d'amour* vor Elsa — wenn er dieser die Liebe erklärt, übrigens und freilich nur unter der Kondition, ihn nicht nach Nam' und Art zu fragen, mithin nach seiner abermals »narzißtischen« Männlichkeit. Solch insgeheim repressiver Gesinnung entspricht die feierliche Autorität der Deklaration, die fast zur Staatsaktion sich stilisiert. Und auffallend zitiert hier der höchste Ton, das H, den Namen Elsas, während das entscheidende »Ich liebe dich« nachdrücklich der Mittellage anvertraut wird: raffiniertes Understatement des Retters, der auch erotisch ein besonders hehrer Herr sein muß:

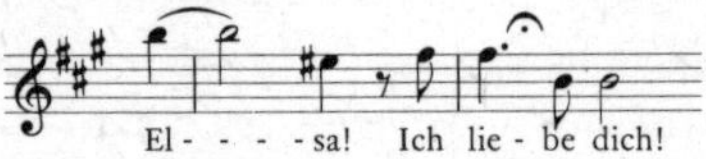

Auf brisante musikalisch-dramatische Überrumplungs-Show setzt gekonnt auch der »Rigoletto«-Herzog, wenn er »aus dem Hintergrund« in Gildas schon halbformulierte Liebeserklärung hineinfährt, diese vollendet und sofort auch wegen einer Wiederholung des ihm sehr angenehmen »Ich liebe dich« vorstellig wird:

Der Knalleffekt als Beglaubigung für die Ungebremstheit des Gefühls — und als Besitzanspruch zugleich! Eine Technik, die Riccardo im »Maskenball« schön variiert: Er freilich muß Amelias Geständnis mit Andacht und Können erst mal herauskitzeln:

Amelia ziert sich, gibt aber endlich genervt nach: Sie will's ja auch loswerden:

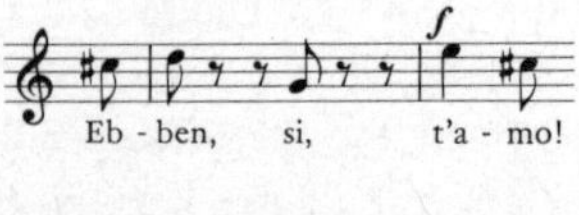

Die Freude beim Gouverneur ist riesig, Offensivgesang tönt auf, wie übrigens sehr ähnlich bei Offenbachs Hoffmann: »Ich bin geliebt, geliebt von ihr, o Gott!«

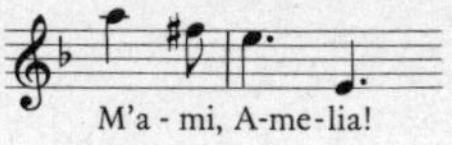

Die Freude Riccardos strömt rührend, aber auch besitzergreiferisch:

Und der Gouverneur langt zu. Unerfreulicher ergeht es Eugen Onegin am Schluß von Tschaikowskis Oper. Zwar bestätigt ihm Tatjana sogar freiwillig, daß er prinzipiell nicht schlecht liege:

Aber Fausts und Samsons Technik, die obstinate Wiederholung, nützt Onegin ebenso wenig wie die Pathetik der Oktaven. Nichts geht mehr:

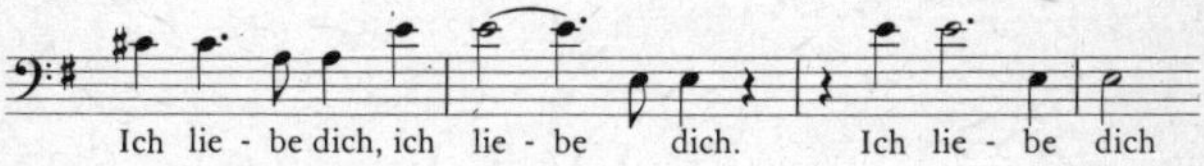

Ein recht bemerkenswertes Schicksal durchleidet Don Carlos in Verdis Oper. Die erste Erklärung an Elisabetta, im Garten von Fontainebleau, ist zweigeteilt: die Selbstidentifikation rauscht frühlingshaft, fast pompös festlich daher, das »io t'amo« dagegen herz- und halsbrecherisch *dolce* balzend; dem folgt eine nimmersatt schwelgende, im Übermaß blühende Kantilene:

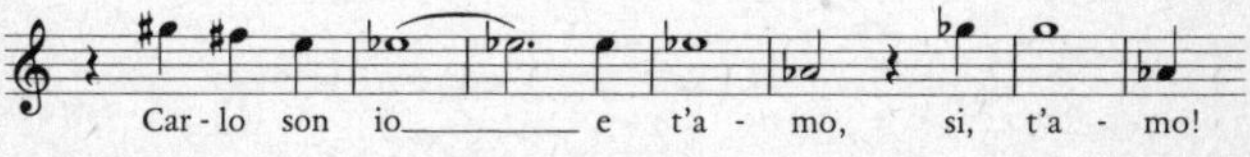

Die zweite Erklärung, noch einmal an Elisabetta, steht schon unter weniger prächtigen Vorzeichen. Carlos, fast delirierend, vom eigenen Gefühlsterror existenzbedroht, nämlich buchstäblich fallsüchtig (wie der historische Carlos), hat zu kämpfen. Er tut es, nach dem Modell Fausts, dreifach:

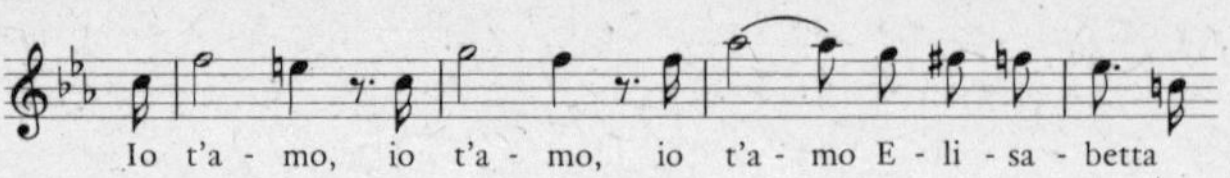

Das nützt alles nichts, das Fatum will's anders — das dritte »Ich liebe dich« Carlos' reift sogar zum beklemmenden Mißverständnis. Es soll wieder Elisabetta treffen, wieder durch Repetition überzeugen und durch eine neue Phrase bezaubern —

— zu hören kriegt es aber leider Eboli, die ihrerseits zuerst ganz harmlos miteinfällt und dann sogar, bevor die Verwechslung sich klärt, noch eine neue ganz lauschig-gemütliche Weise ersinnt:

Alle drei Protagonisten der »Carmen« haben ein »Ich liebe dich« zu singen. Carmens erstes, vor dem Stierkampf, ist sehr von sich selbst überzeugt und musikalisch vollkommen »indifferent«:

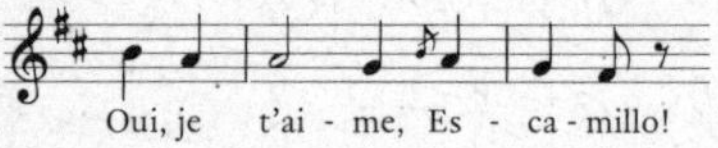

Das fraglos banalste, belangloseste und die Belangigkeit der Worte unbarmherzig treffende »Ich liebe dich« aber singen Carmen und ihr Pop-Idol Escamillo gleich danach zusammen:

Don Josés »Ich liebe dich« am Ende der Blumenarie rührt am heftigsten. »Und ewig dir gehör' ich an«, steigt die Stimme rallentando-diminuendo eruptiv zum B empor, fällt um fast eine Oktave zurück und haucht gleichsam bewußt- und tonlos: »Carmen, ich liebe dich.« Die spekulationsfeindliche Herzenseinfalt des Bauernburschen? Das fessellose Gefühl, in dem Glück und Schwermut eins werden? Ist dieses Rührende aber nicht auch wohlkalkuliert? Nämlich schon geläufige Rhetorik? Zum Beispiel ziemlich genau nach dem Schema Lohengrins?

Wagner selbst hat nur noch ein »Ich liebe dich« nachgeliefert, im »Siegfried« — ein sehr peripheres, fast hilfloses und in der Unbeholfenheit nicht unsympathisches. Brünnhilde hat dem Feuerdurchdringer viel Mysteriöses vom »Hort der Welt« vorgeraunt — Siegfried hat nichts kapiert, also reagiert er halt sehr geradheraus und deutsch; die Betonung liegt (erstmals!) auf »dich«:

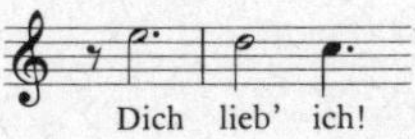

Einige klassische Opern-Liebeserklärungen richten sich ins Niemandsland. Kein Mensch ist zugegen, Leonoras Inbrunst in ihrer zweiten Arie der »Macht des Schicksals« zu würdigen:

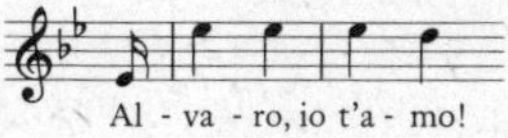

Immerhin, Leonore wähnt ihren Alvaro zwar fern, aber treu. Schlimmer ergeht es Amneris in »Aida«. Für sie ist das »Ich liebe dich«, während Radames abgeurteilt wird, eine Art privat-öffentliche Konfession und Ausdruck königstöchterlicher Beschämung zugleich: Sie hat dem Feldherrn ja eben noch ein letztes Mal Angebote gemacht — invano! Daß Amneris angesichts solchen Desasters auch noch im stillen Kämmerlein keine Szene macht, sondern auf die edle Kantilene zurückgreift, welche sie die ganze Oper hindurch begleitete, macht sie merkwürdig unmenschlich und human zugleich. Form ist alles, Exzeß unerwünscht.

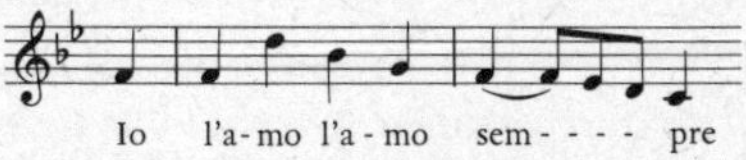

Bleibt festzuhalten, daß es weder im »Otello« eine explizite Erklärung »Ich liebe dich« gibt — wohl aber das strahlendste Liebesduett, das Verdi schrieb; noch im »Tristan«, jener Oper, die ja doch wohl von nichts als von Liebe redet; noch in allen großen Opern Mozarts! »Don Giovanni«, Synonymist der Liebe, bringt es nur auf ein lustloses »certo io« gegenüber Zerlina: Natürlich werde er sie später heiraten.
Halten wir ferner fest, daß uns die vielen hohen und lauten Liebeserklärungen zwar auch fraglos erfreuen. Herzerwärmender aber finden

wir die leisen, irgendwo in der Mitte der Tonskala, die ambitionslosen. Und sind uns nicht am Ende jene Liebenden der Oper, die gar nichts sagen, die liebsten?

Der Platten-Tip

Von unserem Gastautor
Robert Gernhardt

Dreimal Mozart, dreimal Klassiker-Aufnahmen. Die erste zeigt das Wiener Wunderkind beim feierlichen ersten Spatenstich zu seinem Armenbegräbnis, zu sehen ist auf ihr wegen der schlechten Lichtverhältnisse nicht viel, zu hören gar nichts, wenden wir uns also den beiden anderen zu.
Da wäre zunächst einmal Leo Nachts kleine blechmusikartige Interpretation von »Figaros Krachstreit«, die den Rezensenten freilich kaum überzeugen konnte, nicht wahr, Herr Rezensent?
»Nöö . . . Finnichnichgut . . . Finnichschwach . . .«
Danke, ganz meiner Meinung. Denn so kann man Mozart nun wirklich nicht mehr spielen: mit nur zwei Sturmspitzen, einer völlig konfusen Hintermannschaft und einer ersatzgeschwächten Streicherreihe, die mit den schweren Noten ganz einfach nicht fertig wird.
Wie anders dagegen der Ansatz Erwin von Karajans! Seine Interpretation desselben Werkes »Mikados Hochzeit«, die 1925 im großen Sendesaal des Merseburger Schlachthauses aufgenommen wurde, fesselt vom Anpfiff an. Durch einen kleinen Kunstgriff – Karajan läßt die Streicher weg und stellt stattdessen die Flöte in den Vordergrund –
»Die Piqueflöte!«
– jawohl, die Piqueflöte, danke, Herr Rezensent, Karo hatte Karajan ja gedrückt –, durch diesen kleinen Kunstgriff also erreicht Karajan nicht nur, daß die Tempi sehr viel lauter wirken, das ganze Werk bekommt auch etwas fast Musikalisches. Ohne ein einziges As, aber mit 27 Buben im Orchester versteht es der Interpret, der sich strikt an die Musikregel »langer Ton – kurze Farbe« hält, dem Opus jene heitere Grazie zu verleihen, die Mozart wohl vorgeschwebt haben mag, als er 1785 zu Haydn sagte: »Heit beschlauch i mi – mochst mit?«
»Immer!«
Ach, Sie auch? Herr Rezensent? Komm gleich mit, muß bloß noch schnell einen Schluß finden – ah! Da ist er ja schon!

Schöne Seelen, sehr konfus

Mozarts Frauen

So oder so: Die Susanna der Rosenarie schwindelt. Vordergründig täuscht die Kammerzofe im 4. Akt von »Figaros Hochzeit« den Bräutigam, ihn von seiner Eifersucht zu kurieren, die aber wahrscheinlich keine so unbegründete ist. Das geschieht im Halbdunkel des gräflichen Gartens und im Rahmen eines tendenziell allseitigen Bäumchen-wechsle-dich-Spiels aller erotisch irgend einsetzbaren Kräfte, sogar die Alten mischen als Chargen noch mit. Mit den vorgelieferten Mitteln des Rokoko-Schäferspiels wird diesem der Garaus gemacht. Das Getriebe ist nicht mehr anmutig, sondern schäbig; gar nicht heiter, sondern »eigentlich« todernst. Jeder treibt's im Prinzip mit jedem, Bindungen zerfetzen, Humanitas zerflattert mit dem absterbenden Adel, der sie zur Schau trug, in alle Zephirwinde, die den sommerlichen Lustgarten irr und banal durchstreichen. Aufgefangen wird das Desaster allein durch die Kräfte von Mozarts Musik: absorbierende, kompensatorische Kräfte, die zum schlechten Schluß noch einmal und schon aberwitzig optimistisch Versöhnung am Abgrund der totalen Lächerlichkeit suggerieren. Susanna, meist als stabilste, »menschlichste« Gestalt der Oper gelobt, entgeht dem Prozeß der Auflösung auch nicht, ja in gewisser Weise und an einem bestimmten Punkt ist ihre Fallhöhe vom Intakten zum Verdrehten sogar die erstaunlichste. Beschieden ist ihr im Lauf der Oper doppelte Wandlung: von der Zofentype der *Commedia* und der *Opera buffa* zur realistischen Figur volkstümlicher Menschlichkeit – von dort aus aber zurück und voraus zu etwas sehr Neuem und Modernem, ja Anachronistischem: zu einem Opfer von Trug und Schein und Phantomwelt; ein Vorabglanz von Hollywood – im 18. Jahrhundert.

Denn was sonst könnte die Rosenarie bedeuten? Ihr Anlaß, Figaro Eifersuchtsträchtiges vorzugaukeln, ist spätestens nach dem Rezitativ vergessen. Die Vorgänge aber in der Sechs-Achtel-Siciliana der Aria gehören zum Obskursten, was sich Mozart-da Pontes Teamwork hat einfallen lassen. Nur ein extrem unempfindlichen Ohr-Hirn vermag hier blanke, harmlose Idylle zu hören, das anakreontische Rauschen von Quell und Hain, das Atemholen von Natur als Projektion auf den andächtigen Menschen, der gleichsam Naturlaute nachsingt wie der im musikalischen Material vergleichbare Schlußsatz von Beethovens »Pastorale«.

Daß die Rosenarie zum Ohrwurm verharmlost werden konnte, verwundert beim allgemeinen Ironie-Unverständnis nicht, zumal Ironie,

Doppelsinn, sich hier noch sparsamer äußert als sonst bei Mozart — so leise, daß offenbar auch Mörike nichts hörte, als er in und aus der Rosenarie »den Geist der süßen Leidenschaft stromweise, wie die gewürzte sommerliche Atemluft einatmen« wollte. Das eben stimmt nicht einmal zur Hälfte. Überlagernde Ironie ist hörbar eigentlich nur in den Sechzehntel-Ketten der Oboen und Flöten präsent, die Susannas Dreiklangsfreuden kommentieren, scheinheilig pastoral und tatsächlich noch auf der Kippe von »naivem« Wohllaut und Spott. Präziser wird der Gehalt der Arie erst gegen ihr Ende, wenn das Geplätscher der Oboen- und Fagott-Terzen Susannas langgezogenes, fast wesenloses F — »daß ich mit Rosen kränze dein Haupt« — durchzucken, quasi in die Realität zurückpfeifen — eine Realität, die eben nicht Versöhnung von Mensch und Natur ist, sondern gesellschaftliche Kontroverse, das Thema der Oper. Der abschließende Kanon von Oboe, Fagott und Flöte forciert, nachdem die Singstimme schweigt, die Spannung zwischen »Schönheit« und ihrer Aftergestalt: dem Trivialen, dem Kitsch, dem Unwahren.

Über die Wunschkonzert-Dösigkeit, welche die Arie unweigerlich auszulösen pflegt, führt Bernhard Paumgartners Interpretation immerhin ein Stück hinaus. Paumgartner meint, daß »Susanne — fest entschlossen, ihren Liebsten durch listigen Doppelsinn der Worte zu ködern — ihren Vorsatz bald vergißt und ihr Herz im Gesang verströmen läßt. Dieses geniale Vergessen Susannes — Mozarts! — ist eine der bedeutendsten Leistungen unseres Meisters« — unseres Meisters! — »und wohl auch der gesamten Bühnenliteratur geblieben. Es enthüllt uns endgültig das tiefere Wesen des reizenden Mädchens.«

Das mag sein, aber dann ist das Mädchen keineswegs mehr so reizend. Denn diese Ich-Vergessenheit ist nur *ein* Teil der Rosenarie, Eintauchen in die Bewußtlosigkeit von Natur — die Arie ist andererseits nun wieder umgekehrt und nachweislich: tatsächlich ein potentieller Schlager, als der sie dann auch allzeit gehört worden ist; ein Schlager nämlich kraft der Einfalt der Formensprache, wie sie sonst fast nirgends im »Figaro« Platz hat. Unterstellt man — wenn überhaupt jemandem — Mozart schlafwandlerisches Formgefühl, dann hieße das, daß er Susanna in der Rosenarie ein wahrhaft skandalöses Amalgam, die Trinität von »Naturton«, Selbstversenkung und letztendlich — fast Kitsch zusammensingen läßt; Kitsch hier im a posteriorischen Sinn von falscher Kunst, von nicht eingelöstem Anspruch; eine Melodei aus dem nachmaligen und wohl auch schon 1786 existenten Formenkanon des Kitsches zumindest. Woraus wiederum recht Konfuses hervorgeht: Susanna produziert dann ihre seelenvollsten Töne, wenn sie am wenigsten fühlt, nämlich nur das Kreatürlichste, buchstäblich Oberflächlichste: das Streicheln des Zephirs sozusagen als ein wehendes Aphrodisiakum. Gleichzeitig scheint

sie aber eben doch »tief« zu fühlen, nämlich elementar erotisch, sozusagen hautnah, wobei der Nachtwind und die Chimären möglicher erotischer Alternativen (Figaro? Graf? Cherubin?) um die Urheberschaft streiten mögen. Totale Polyvalenz. Und die artikuliert sich, noch einmal verwirrend, kitschnah, parodienah, schlagernah.
Die denkbare Interpretation, Susanna identifiziere sich im Augenblick der Rosenarie mit der Gräfin, deren Kostüm sie ja trägt, halte sich womöglich wirklich für diese, würde den Befund kaum ändern, sondern ihn nur um den Aspekt sozialer Phantasmagorie und also eben sozialer Realität erweitern. Dann nämlich sänge sich Susanna — auch! — jenes Pathos des Sentimentalen zu, welches das Privileg der Fürstlichen, den Dienstboten aber nur im Traum erlaubt ist; Susanna sänge sich Traumkitsch zu.
Soziale Frustration? Nun wäre wieder andersherum zu fragen, ob die Rosenarie nicht Beleg erotischer sein könnte. Will sie mit dem Grafen insgeheim was haben? Hat sie schon? Will sie wie der Künstler »sublimieren«, sich singend zum Nachtwind hinüberretten? Mit dem Ergebnis einer Schlagermusik, die Susanna als Mitläuferin jener Gefühlsindustrie ausweisen würde, die man gemeinhin erst ins mittlere 20. Jahrhundert datiert?
Und doch käme, was schon vom Kitsch bedroht ist, bei ihr der Emanzipation, emanzipierter Menschlichkeit so nah! Daß die Dienerklasse sich erkühnt, so sich »gehen zu lassen« — ist dies nicht die halbe Revolution, von der die Oper wahrhaftig in allen Fasern handelt!
Die Rosenarie ist, wenn sie nicht gerade von Keep-smiling-Anneliese anläßlich einer Verdummungs-Soiree der Frau Rothenberger zum Einsatz kommt, eine hochexplosive.
Sie steht nicht allein, »Figaros Hochzeit« scheint mit dem Fortschreiten der Komposition von derlei Viel-Deutigkeiten fast vergiftet, das ist die andere »Idee« der Oper. Gleichfalls ein Ohrwurm, das Frauenduett von den »sanften Abendwinden«, nimmt die Liaison von Zephirseligkeit und zumindest gestreiftem Kitsch vorweg ebenso wie jenes Blinde, Gelackte, Glamourhafte — und am Ende doch »Schöne« der Rosenarie; jene halbe Destruktion des Menschen zur halben Marionette.
Es verstört, erschreckt fast, daß das bekannte Duett wiederum jenen Figaro-Figuren anvertraut ist, die am ehesten Vertrauen verdienen sollten: Susanna und der Gräfin. Volker Klotz hat dieser Briefszene, die des Grafen Blamage besiegelt, eine lange und gedankenreiche Abhandlung gewidmet. Ein »dreifaches Komplott«, glaubt Klotz, werde in und mit diesem Duett, das sich dramatisch unmittelbar an das Verführungsduett zwischen Graf und Susanna anschließt, geschmiedet. Demgegenüber formuliere das Briefduett nun einen völlig andersartigen,

unabhängigen Gestus. »Kein Zweikampf hier, sondern Einvernehmen zweier Verbündeter gegen einen abwesenden Dritten, der aus Liebe mittels Liebe von verfehlter zu angemessener Liebe gesteuert werden soll. Keine antagonistische Pendelbewegung, sondern einhellig kreisende Bewegung, in flink geläufigem, dabei packend aphrodisierendem Allegretto, das nicht müd wird, nach und nach den gleichen Stimmungsköder auszusprechen: den amönen Ort mit sanftem Zephirwind im Pinienhain. Ein bewährtes, liebeverheißendes Signal, das dem Einverständigen weitere Hinweise erspart.«
Ausdrücklich, betont Klotz, werde das Briefchen von der Gräfin »Canzonetta sull aria« genannt, also etwa »Lied zum Lied«: neue Fassung einer bekannten Weise, Wolf im Schafspelz: die amouröse Botschaft an den Grafen schlüpft in die allgemein anerkannte amouröse Arie vom Zephirhain. Aus dem Doppelspiel aber werde ein Tripelspiel, ein Tripelkomplott, das sich gegen drei verschiedene Parteien richte:
»Das erste zielt auf die gesellschaftliche Öffentlichkeit. Sie soll, falls sie Wind bekommt, durch den Zephir der Arien-Maskerade beschwichtigt werden ... Dieser Aufwand ist freilich nur Vorwand für das zweite Komplott. Nämlich: den Grafen darüber zu täuschen, daß tatsächlich ein heimliches Schutzbündnis zwischen Gräfin und Susanne am Werk ist ... Ränkespiel, schlaues Kalkül, Uneigentlichkeit triumphieren. Bis unversehens die hochgetriebene Raffinesse umschlägt in unverfälschte Spontaneität. Wobei das dritte Komplott entsteht. Unbeabsichtigt und planlos entspringt es den beiden anderen. Und macht deren Urheber, die Gräfin und Susanne beim Verfassen ihrer bedenklichen Botschaft, zu seinen Opfern. Es ist ein Komplott des ungebahnten Gefühls wider allen kühlen Vorbedacht. Nicht etwa für den Grafen macht es sich stark, ihn zu bewahren vor der Intrige, sondern für die Liebe, die in dieser Intrige Gefahr läuft, zum baren Instrument zu verkommen. Der musikalische Ausdruckscharakter der Nummer ist beredt genug. Die beiden Frauen, die duettierend einem abwesenden Dritten mittels Liebesverheißung ihre Schlingen legen, verfangen sich selber drin ... Sirenen, die sich an ihren eigenen Klängen berauschen. Kein Reizwort des Texts — vom ›zeffiretto‹ bis zum ›boschetto‹ —, dessen Kitzel sie nicht selbst verspürten.«
Siehe die vielschneidigen Machinationen der Rosenarie. Klotz' Interpretationen ist von großer Schlüssigkeit — bis sie von der »Liebe« redet, in der die beiden Frauen unversehens sich wiederfinden. Denn zwar scheinen im Duett tatsächlich latente Liebesenergien freizuwerden, aber eben wiederum recht obskure, eher Versatzstücke von Liebe. Nämlich genüßliche, fast krankhaftte Verbalerotik im Text — musikalisch abermals absichtsvoll und riskant Kitschnahes. Die zwei Komödiantinnen beschwören, soweit hat Klotz recht, so lange Amouröses, bis sie

sich drin verfangen. Erotik, die hier *en passant* frei wird, ist zwar tatsächlich frei vom Dienst an Kabale — aber eben kaum *zu* Liebe. Sie bleibt entschieden befangen in ihrer kunstvollen und »stimmungsvollen« Form, der »Canzonetta sull aria«; ein fertiges *cliché*, zwar berückend, aber nichtig, beliebig da und dort zu verwenden. Sollte aber Liebe für einen unmeßbaren Augenblick »frei« geworden sein, so hat sie sich schleunigst in die tradierte Form verflüchtigt, neutralisiert.
Die Assoziation zum (Immer-noch-)Marionettenhaften des Figaro-Personals kam da Ponte, so berichtet er in seinen Memoiren, schon während der Generalprobe des ersten Wiener »Figaro«. Auch Mozart scheint sie verspürt und — unbewußt? halbbewußt? — ins Kompositionsverfahren eingebracht zu haben; mit unbegreiflich einfachen Mitteln, so wie in der ganzen Oper Kompliziertestes sich in formale Lakonie auflöst. Der binnenmusikalische Dreischritt des Frauenduetts gleicht dem der Rosenarie fast aufs Haar. Auch die sanften Abendwinde gehen den Weg von der tradierten Kanzonenform »naiver« Belcanto-Freuden (der ältere zitiert in gewisser Weise den jungen Mozart) über eine traumverlorene Schönheit zurück zum am Ende seelenlosen Singsang, zum Gefühlskitsch, zu den bereits standardisierten Gefühlen, die den Schlager definieren. Realitäts- und Lustprinzip, wenn man will, klaffen auseinander wie die Welt der Proleten und des Adels, und diese ist noch einmal zerrissen: Anspruch und vergammelte Wirklichkeit sind längst nicht mehr zur Deckung zu kriegen.
Dergleichen Nebeneinander von Lust und Realität hat in der Geschichte der Oper wohl nur eine Entsprechung, eine gleich geniale: die Barkarole von »Hoffmanns Erzählungen«, deren Gestus den Gehalt, gänzliche Blindheit und Automatik menschlichen Verhaltens, nur verschärft (das musikalische Material ähnelt dem der »sanften Abendwinde« ganz massiv), nicht eigentlich vertieft — nachdem der Tenor Hoffmann die Geschichte mit seinem entsetzten Schrei »Ein Automat, ein Automat!« ja vorher schon ausgeplaudert hat, spektakulär und unüberhörbar. Mozarts Modernität aber ist von fast furchterregender Art, weil die »Figaro«-Musik unter voller Bewahrung ihrer Diskretion mehrere »Denkschritte« simultan vollzieht. Was sich dem blöden Ohr als beliebiges, Austauschbares in der Art einer Salieri- oder eben frühen Mozart-Oper andient, wird zuerst einmal durch die Souveränität der musikalischen Erfindung ins vermeintlich »Mozartische« vergoldet, täuscht apodiktisch Einverständnis vor, das auf den Allerweltsnamen Menschlichkeit hört — und wird im selben Augenblick wieder zersetzt, nichtig gemacht, als flache Unbedeutendheit vorgeführt. Nivellierung von Kunst selber auf oberster Ebene!
Wahrgemacht wird dieser letzte musikalische »Sinn« aus der psycho-

dramatischen Situation heraus. Keineswegs empfinden ja die Gräfin und Susanna, Klotz hat's gezeigt, so plan, was sie singen und säuseln, beider Schicksal ist verfahren und verblasen in einem progressiven Stadium. Schon zum Gewicht ihrer großen, soeben vorausgegangenen Arie »Dove sono« paßt der Gräfin schlecht die Canzonetta sull aria; und wenn man ihr, nach Maßgabe von Beaumarchais' drittem Figaro-Drama, ein Verhältnis mit Cherubin zwar nicht gerade unterstellt, als Möglichkeit für Mozarts Oper aber durchaus in Betracht zieht —: dann wird der untergründige Sinn ihrer Abendwinde-Terzen und Legato-Schleifen noch einmal seltsam und diffus beleuchtet; so wie ja auch Susanna bei aller gerad-konstruktiven Gesinnung samt unverbrüchlichem Ehewillen gegen den Charme der Pagen ebensowenig gleichgültig sein dürfte wie gegenüber dem (auch sozialen) Kitzel der gräflichen Courmacherei. Was beide Frauen zum Vortrag bringen, ist allerdings auch und noch darüber hinaus ein riskantes Spielchen mit objektloser Liebe, wenn man will: platonische Prostitution: Für Sekunden gehören sie allen.

Etwas Gesundes? Krankhaftes? Die Raffinesse der Figaro-Musik kleidet beides und alles selber verwirrungssüchtig in die Töne der Liebe, um diese *stante pede* als illusionär zu entlarven. Der weitverbreitete Affekt, den man Liebe nennt, ist ein großes biochemisch-psychostrategisches und zuletzt noch abendwindig motiviertes Gewurstel.

Die Verwirrsucht zum alleinigen Formprinzip der Oper zu erklären, wäre sicher verkehrt, sie ist aber ihre schärfste Auskunft. Ihr Rang bestimmt sich aus der schweren Lokalisierbarkeit der Gefühlsschichten. Sie reichen vom geradeheraus »Naiven« (das trotzdem bei Mozart fast stets der Gänsefüßchen bedarf, so auch hier) des »Fünfe-Zehne«-Duetts und vom Spontaneitätsausbruch der ersten Cherubin-Arie bis zu den verdächtigsten Tiraden der Rosenarie; der Wirrwarr strandet endlich in die Totalgroteske des gräflichen »Perdono«, die den harmonistisch gestirnten Himmel über der Szene ein letztes Mal Lügen straft und die Oper wie einen jämmerlichen, bösen Witz eigentlich unversöhnt und unversöhnlich abhakt. Nur über den objektiv requiemhaften Choral »Ah tutti contenti«, in dem alles mitwirkende Personal vom herrlichsten Glück, die Musik aber eher von Todesahnung, vom Walten eines »Höheren« redet, vermag die Seelen-Farce in den Prestissimo-Wirbel des Finales aufgelöst zu werden; nur die Gottähnlichkeit der Musik selber, stellvertretend für die höchstrichterliche Instanz eines Außerweltlichen, absorbiert die mitgeschleppte Brühe von Beschämung, Peinlichkeit — und gleichzeitig Indifferenz: Morgen geht's genauso nichtig weiter. Kein Mensch vermöchte zu erraten, was Mozart sich hier nun wirklich »gedacht« hat. Dichter waren Ironie, ja Zynismus und Glücksutopie in der dramatischen Kunst nie beieinander.

Die eigentümliche, durch scheinbare Lieblichkeit verborgene Kälte und Frivolität von Mozarts Opernmusiken (und nicht nur dieser) teilt kaum ein späterer Komponist. Nicht Beethoven, nicht Verdi, nicht Wagner, die allesamt Töne erstaunlich »wörtlich« nehmen — am ehesten findet sich Vergleichbares noch bei Puccini, in seiner oft deutlichen Ironie dem eigenen Sentiment und dem seiner Gestalten gegenüber; etwa am Ende des 1. »Bohème«-Akts, wo die Gefühlsrauschigkeit des Liebesduetts ganz stark und realistisch-schlüssig ins Kokette, ins gespielt »Romantische« hinüberfärbt; unter den großen Opernkomponisten war Puccini neben Mozart einer der ganz wenigen Ironiker.
Und in weitem Abstand natürlich zu ihm. Mozarts — wahrscheinlich unbewußtes — Verfahren heißt Uneigentlichkeit, Unwörtlichkeit. Töne meinen keineswegs immer das, wovon sie zu reden vorgeben, oft das Entgegengesetzte. Dagegen ist auch die hehre Pamina aus der »Zauberflöte« nicht resistent, wenn sie in ein leibhaftiges Liebesduett mit Papageno einstimmt, — von dem sie ja nun partout nichts will. Nimmt man zwar nicht das »Zauberflöten«-Textbuch ganz ernst, wohl aber den Ernst, mit dem Mozart aus Schlacken Gold zu machen sich anstrengte, so bleibt der kuriose Befund, daß hier eine halbhimmlische Königstochter sich »musikalisch« dem erstbesten Vogelfänger an den Hals wirft. Man könnte das harmlos als Schelmerei interpretieren, wahrscheinlich ist es eher die bare Selbstverliebtheit vor dem (über die Oper hinaus realen) Hintergrund angestauter Sexualität.
Davon gibt ja auch der Text vorher ungeniert Kunde: »Liebe?«, horcht Pamina auf, als sie von Taminos Existenz erfährt, »er liebt mich also! O sage mir das noch einmal, ich höre das Wort Liebe gar zu gerne.« Dank Schikaneders plötzlich durchbrechendem »gesundem Menschenverstand« wird Paminas Sphäre des Hohen und Märchenhaften schnell und rabiat durchkreuzt — zum Vorschein kommt etwas ganz Alltägliches: Pamina liebt Tamino ungeschaut, wahrlich um der fixen Idee willen; daß es ja nun sein muß. Aber auch an der Lauterkeit des Gefühls in Taminos Bildnisarie darf gezweifelt werden: Das Bild — die alte Geschichte — ersetzt den Menschen, Introversion hält sich für Du-Gefühl. Und tatsächlich, für die reale Pamina geht dem Prinzen später der Mund entschieden weniger gefühlvoll. Denkbar sogar, daß Mozart — wieder unbewußt? — in der »Zauberflöte« das reziproke Verfahren des »Figaro« ausprobieren wollte: Wenn im »Figaro« selbst die stabilsten Gefühlsbindungen zerbröseln, so setzt die »Zauberflöte« gewissermaßen im Diffusen und Dubiosen an, das sich erst — wäre dies die vielberedete Humanitätsidee der Oper? — mählich zu Klarheit und Wahrheit fügt; für die immerhin Paminas Arie »Ach, ich fühl's« und die Feuer- und Wasserprobe einstehen.

Was freilich, ebenso wie die »Zauberflöte« gegenüber den drei italienischen Opern, musikalisch eine Reduktion, fast einen Regreß darstellte, auf Glättung, moralischen Euphemismus hinausliefe — dem Märchen zuliebe wird die eigene Welterfahrung stillgelegt. Denn der 30jährige Mozart hat längst seinen Bescheid zu dem gesprochen, was später als »Geist der deutschen Klassik« und Humanität gehandelt werden sollte: die unterstellte »ideale« Harmonie alles Leiblich-Seelischen zur Einfalt und Ungebrochenheit des klassisch-schönen Menschenbildes Humboldtschen Geistes und der falsch verstandenen Griechen Erbe; kurz: der Geist der Mitte, den nachher die Gymnasiallehrer postulierten. Äußerst fraglich ist bei dem Wenigen, das wir über ihn wissen und zu wissen glauben, ob Mozart von derlei Weimarischem Gedankengut (soweit es das war) überhaupt wußte, ob er es zur Kenntnis nahm. Aber wenn ja, wird umso mehr zu fragen sein, ob nicht seine Oper pointiert als Antipode zu solcher »Klassik« konzipiert ist. Kam Mozarts vollkommen unzeitgemäße, nämlich realistische Oper gerade aus der Skepsis? Aus der Kritik an der sich in Weimar und anderswo schon abzeichnenden hohen Hohlheit? Oder doch wieder eher aus dem Bewußtlosen, das beim Genie eben alles »richtig macht«? Solche Fragen führen, natürlich, ins Unendliche und Ungefähre. Was wissen wir überhaupt von den »Gefühlsstrukturen« der Mozart-Zeit, soweit diese noch nicht literarisiert, veredelt, an (nicht ernst zu nehmenden) Bühnenmustern orientiert waren? Hatte der Zivilisationsprozeß die nachmals klassisch genannte Humanität noch gar nicht »über Weimar hinaus« entwickelt? Oder aber bestand Mozarts Leistung vor allem darin, zuerst den sich anbahnenden »schönen Seelen« seiner Zeit mit deren eigenen Formen und Floskeln das Wasser abzugraben? Dem »zeitlosen Kitsch«, nämlich den zeitlos falschen Seelen? Schließlich: Wo gibt's bei Mozart zuverlässige Auskunft darüber, was er eigentlich von *den* Menschen, *vom* Menschen hielt? Standen sie ihm, der wahrscheinlich in letzter Instanz nur in Musikkategorien lebte, in Musikobsessionen, nicht gewissermaßen nur im Weg? Schwer zu verkennen, daß Mozarts eigenartig konsistente und doch verfließende Operngestalten »ihrer Zeit voraus« waren, fünfzig Jahre oder Äonen: Ihr Geniales ist eben auch ihr Modernes; sie waren, eine Binsenwahrheit, jenseits ihrer Zeit und prägten darum diese. Gleichzeitig erstaunen die Korrespondenzen zur zeitgenössischen und späteren europäischen Literatur, von der Mozart kaum Kenntnis hatte. »Gefühl ist alles«, proklamierte der klassische Goethe, es gab aber auch den konträren Appell des unklassischen: »Sei fühllos!« Genau diese Spannung scheinen Susanna, die Gräfin, Pamina auszutragen — so wie sie Mignons womöglich epochenphysiognomisches Wort für sich reklamieren könnten: »So laßt mich scheinen, bis ich werde«; eine Bitte, die

ihrerseits das gegenwärtige Televisions- und Prominentenzeitalter wahrhaft hellseherisch auf den Begriff bringt.
In solchem Zwischenreich scheinen Mozarts wichtigste Figuren daheim. Undine ist im Kommen samt ihren meerjungfräulichen Artgenossinnen Andersens und Kierkegaards, bis hin zu Kvapils und Dvoraks »Rusalka«; und mit ihr die »Seele«, mit der es aber eben hapert. Wie eine Grenzmarke steht die Erzählung von Fouqué aus dem Jahr 1811:
»Seele! lachte ihn Undine an; das klingt recht hübsch und mag auch für die mehrsten Leute eine gar erbauliche und nutzreiche Regel sein. Aber wenn nun eines gar keine Seele hat, bitt Euch, und was soll es denn da stimmen? Und so geht es mir.«
Sie spotten oft über die Seele, die zeitgenössischen Meerjungfrauen, aber sie wollen doch eine. Denn mit ihr entdecken sie die Unsterblichkeit. Sie wollen und kriegen sie auch, aber alle Fabeln enden schlecht. Der romantische Undinen-Mythos beschreibt das Auseinanderfallen von Natur und Geistseele, die bei Fouqué wie Andersen die Liebe ist: das »Erlösende«. Und hier wird's ganz dialektisch: Undine, seelenloses Wesen, ist die zu Erlösende, aber mehr noch ein Erlösungsbild selber, nämlich der erlösende Rückschlag von Seele in Natur, vom Abgeleiteten ins Ursprüngliche, wenn man will: Revision von (falschem) Überbau. Diese Dialektik aber ist präzis die der Rosenarie und des Briefduetts im »Figaro«.
Die Idee, daß nur das Seelenlose wahr und ergo schön sei, ist eine sehr zentrale der romantischen Geistesgeschichte, sie ist Essenz von Kleists Aufsatz übers Marionettentheater: Kein Bewußtsein — keine Seele — zu haben, sei der Zustand der Grazie, das wiedergefundene Paradies. Seele ist die Erbsünde säkularisiert.
Die Anmut der Marionette hat aber »für Seelen« auch etwas Bedrohliches, Dämonisches — auch dies ein Lieblingsthema der Romantik von Büchner bis E. T. A. Hoffmann. Seele selber nämlich erkennt, daß die Menschen allzeit Puppen seien, von anonymen Mächten bewegt, Mächte, deren Triebkräfte erst hundert Jahre später die Psychoanalyse namhaft zu machen sich unterstand — und die wiederum auf alles mögliche hören, nur auf keine Einheit von »Seele«, sondern auf die animalische Herkunft einerseits, aufs Chaos profaner Nerven andererseits.
Der Seele dunkle Pfade — Donna Anna aus »Don Giovanni« wäre der naheliegendste Fall von Psychoanalyse. Es wurde auch schon genügend an ihr geforscht, eins wurde dabei wenig beachtet: Anna verlängert in hervorragender Weise die Reihe jener Mozart-Figuren, die sozusagen ostentativ an ihrer wirklichen Verfassung vorbeisingen. Denn ihre große F-Dur-Arie hat ja keineswegs nur den biederen Sinn, den langsam unter Hoffnungslosigkeit darbenden Ottavio zu kalmieren; ist auch keines-

wegs, wie Paumgartner diesmal schon ahnungslos hinschreibt, »lyrischer Ruhepunkt« vor der letzten dynamischen Konsequenz des *Dramma giocoso:* sondern (und hier ist der Befund des Don-Ottavio-Aufsatzes in diesem Buch zu ergänzen und teilzukorrigieren): Offenbarungseid. Stattfindet eine höchst befremdliche, kaum noch erwartete und doch zwingende, den Rahmen selbst dieser Oper fast sprengende Offenbarung von schwerster Irritation, Zerrissenheit, ja innerer Selbstzerfleischung — unterm täuschenden Gewand eines besonders schönen Gesangs.

»Augen wie griechisches Feuer«, bescherte E. T. A. Hoffmann Donna Anna etwas arg bildhaft. Die Metapher ist trotzdem nicht ganz wahllos: Verbrannt wird auch etwas in der F-Dur-Arie. Anna, verzweifelt den Racheengel vorstellend, in Wirklichkeit von Don Giovanni gebannt, wenn ihm nicht in Haßliebe verfallen, singt im langsamen Arienteil Ottavio etwas Schönes vor, dessen Inhalt der schwache Versuch bräutlicher Wärme ist — und doch eben andererseits nur die Leere der schönen Form. Die Balance zwischen Seele und Seelenlosigkeit ist hier als todmüder Automatismus gesungener Beschwörung abermals unerhört. Im scheinbar unmotiviert sich entspinnenden Koloratur-Teil der Arie aber singt Anna (womöglich erstmals in der Musikgeschichte planvoll) Verdrängung und Abwehr, die sich als wunderlich gegenstandslose Verzückung gerieren.

Verdrängung als eine der Formen von Abwehr wird von Anna Freud bestimmt als »Schutz des Ichs gegen Triebansprüche«. Tatsächlich sucht Donna Anna Schutz — hinter Koloraturgefunkel! Eine Art erotischer *horror vacui* wird überspielt durch sopranistischen Pomp. Was E. T. A. Hoffmann über die Ouvertüre schrieb, läßt sich gut auf Annas Koloraturen übertragen: Sie sind ein Tanz »auf des bodenlosen Abgrunds dünner Decke«. Anna verdrängt, was ihr hier wohl erst vollends aufgeht, daß sie Ottavio nicht liebt — und im gleichen Augenblick wehrt sie den Gedanken ab, daß sie Don Juan schon (im Herzen? im Bett?) geliebt hat. Die Koloraturen sollen gleichsam überspielen, aber dann funkeln sie eben doch wieder »als echtes Gefühl« hoch, nimmermehr für Ottavio, wahrscheinlich für Don Juan, möglicherweise als eine desperate Lust an der eigenen Ausweglosigkeit!

Annas Rätsel bleibt unlösbar und keine Interpretation wird ihm ganz gerecht. Aber wenn irgend etwas, so bestätigen erst diese Koloraturen ihr Seelen-Chaos. »Wenn wir uns fragen, wie diese Musik wäre, wenn Mozart bewußt Donna Annas Leidenschaft für Don Giovanni hätte darstellen wollen, so kommen wir zu dem Schluß: Sie wäre wie sie ist.« (Hildesheimer) Rührend bleibt, daß sich Anna am Schluß sogar noch verplappert: »Eines Tages«, teilt sie Ottavio mit, werde der Himmel

vielleicht ein Einsehen haben, nämlich »Pietà«, Erbarmen mit ihr! Das ist entweder unsinnig — oder Annas unfreiwilliges Geständnis, daß sie Don Giovanni forciert vergessen möchte. Don Ottavio müßte eigentlich recht geschockt gewesen sein. Auch schon wegen des »bell' idol mio«, das Anna ihm zu ihrer Arie schenkt. Denn das ist Ottavio ja keineswegs — oder jedenfalls nicht mehr. Sondern dies »idol« ist entweder ein Witz — oder auch schon unbewußt auf Don Giovanni bezogen: ein Freudscher Verdenker angesichts einer Mesalliance.
Die Intaktheit von Mozarts Frauen ist ein Gerücht. Wenig ist bei ihnen »naiv«, »gesund«, ungebrochen. Die Unwörtlichkeit ihrer Töne ist eine zuweilen destruktive — und die Schwammigkeit der Gefühle ist es noch mehr. Selbst Zerlina, der Adorno seine »Huldigung« aussprach, weil »an ihren liedhaften Arien ein Moment der Humanität« aufgehe, das »die entzweite Menschheit selber zu versöhnen« scheine —: Auch Zerlina ist nicht ganz das Naturkind, dessen »la la la la« im rotierenden Auftrittsliedchen Mörike so gefiel. Auch sie flötet ihre sanften und niedlichen ländlichen Noten ja nicht nur Masetto in die angenehm berührten Ohren, sondern — sie erprobt an ihm wohl nur gleichsam, raffiniert und aufgeklärt, die Technik und Wirkung ihrer Naivkunst. Und Zerlina trifft wie Susanna aufs genaueste die Grenzlinien von »Natur« und »Seele« und eben schon Kitsch, sie manipuliert mit Seele und verfällt ihr doch auch ein bißchen, als Kitsch. Ähnlich wie Susanna markiert Zerlina Emanzipation — und verstrickt sich dabei. Heranwachsende Bürgerin, die doch Naturkind bleiben möchte, bewahrt sie den Herzenston der Schäferin und nimmt doch auch den heutigen Dorf- und Kleinstadtteenager vorweg, der, wenn er Groschen in die Musikbox wirft, was herauskommt für die eigenen Gefühle und »Seele« und weiß Gott was hält und anbietet; Gefühle, die in Wirklichkeit nichts sind als der vage und unwiderstehliche Drang nach Glanz und Gloria. Rousseaus »Zurück zur Natur« tönte 1755. Zwanzig Jahre später, bei Mozart, ist der Kampfruf schon wieder als halber Betrug entzaubert. Zerlina drängt's sehr wohl ins Casino Don Giovannis, in seine Traumfabrik.
Am Ende lebt und singt wirklich nur eine Mozart-Figur frei von Trug und Selbstbetrug: eben Don Giovanni. Das Wahre sind die kleinen Champagnerarien, Gefühl ist Schall und Rauch, taugt nur zur Parodie (das Mandolinenständchen, das Terzett von Elviras Balkon) — das Wahre ist Besinnungslosigkeit, Reflexionsferne, Trieb. Seele ist Lüge; sie wird von Don Giovanni, auch wenn er selber an Seelenlosigkeit bricht, nachhaltig erschüttert. In diesem Sinn raubt Mozarts Oper dem viel späteren Konzept Ibsens die Urheberrechte, die Funktion von Drama sei, Lebenslüge bloßzulegen. Nur ist Mozarts Entlarvung, dank

der Komplexität der und vor allem seiner Musik, unendlich viel gründlicher und schärfer.
Und das Ganze — »inkommensurabel«. Am inkommensurabelsten wohl in »Cosi fan tutte«, der Oper Mozarts, in der die Mischcharaktere von »wahr« und »falsch« nicht nur nochmals ins fast Unterscheidungslose, sondern wahrhaft an den Rand des Zynischen vorangetrieben werden, eine Zone, die Mozart mit äußerstem künstlerischen Einsatz und Ehrgeiz nicht scheut; möglich, daß er *damit* noch den »Don Giovanni« überholen wollte.
Der Plot ist zunächst — verglichen etwa mit »Figaro« — stark vereinfacht. Vier Trivialgestalten stellen sich vor, selbst die Symmetrie des doppelten und später gemischten Doppels redet Hohn: Mozart spielt sie, meist durch parallele Terzfügungen, auch ohne Gnade und weidlichst aus. Der Drahtzieher Alfonso ist auch nicht besser, dumpf-abgeklärter Kaffeehausphilosoph, der nur das ohnehin Bekannte in einer barbarischen Wette nachweisen will. Von Beginn an herrscht Satire, hart am Rand der Karikatur; gesungen wird nachdrücklich »puppenhaft«: Die Duette »La mia Dorabella« und »O guarda, sorella« sind munter bis zierlich, haben etwas durchaus und kunstvoll Spieldosenklanghaftes: sind »seelenlos schön«.
Aber schon das herbe Abschiedsgeseufze des Quintetts gewinnt kraft Übertreibung ins Groteske einen neuen unerwarteten Ton, eine neue Qualität des Rührenden — irritiert stellt der Hörer, versenkt er sich eine Zeitlang in den F-Dur-Singsang, fest, daß er sich »plötzlich« in (zumindest!) den höchsten Wolken menschlicher Ausdrucksfähigkeit befindet — ohne daß das Alberne, Karikaturistische ganz verschwunden wäre! Der Verwandlungsprozeß setzt sich fort in den engelhaften Schönheiten des gleichfalls zuerst ironisch angelegten F-Dur-Terzettinos mit seinem Meerwind-Gesäusel und seinen »manieristischen« Gesangsfiguren. Forcierte Komik kippt über in tränenkitzelnde seraphische, nein eigentlich namenlose Schönheit, die ihrerseits erstmals auf die Figuren abfärbt: *So* unwichtig können die nun auch wieder nicht sein! Sentimentales Gesingsel erklimmt unvermutet einen Ton von — Wahrheit; nämlich Sehnsucht.
Die Banal-Charaktere beginnen sich zu profilieren, so banal die Komödie bleibt. Ferrandos erste und bekannte Arie gleitet über ihr semisatirisches Amoroso-Belcanto hinaus in die Blauzonen immerhin einer gewissen Selbstvergessenheit; seine zweite Arie »Ah lo veggio quell'anima bella« ist einerseits der »subjektiv erlogenen Hingerissenheit objektiv hinreißender Ausdruck« (das sagt Hildesheimer allerdings von einem Duett der beiden Offiziere), andererseits reißt er das Herrlein selber so hin, daß es alle Intrige und Falschsinnigkeit vergißt; und —

aus diesem letzten Grund? – Fiordiligis Herz zu rühren vermag, das freilich nur darauf aus ist, gerührt, gekitzelt zu werden. Vom Manne? Von der puren Eitelkeit mal Langeweile? Vom eigenen trüben Sentiment? Keine Interpretation schließt ganz die andere aus.

Die Frauen sind noch viel bemerkenswerter als die Männer. Fiordiligis erste große Arie »Come scoglio – Wie ein Felsen« meint zunächst wieder halbe Parodie der *Seria*, auch der Barockoper, hält wieder traumwandlerisch genau das Gleichgewicht zwischen seriös und lächerlich – die Allegro-Passage aber findet dann zu einem Tonfall, den man »heimwehsüchtig« nennen möchte: Ein beim späten Mozart häufiger (ja fast geläufiger und wie geläufig eingesetzter!) Gestus von Glückssehnsucht, eines nicht restlos analysierbaren »Utopiebeflügelten« ist es, der durch dieses »Cosi ognor quest' alma è forte« fährt und rauscht: übrigens die getreue Wiederkehr des Kyrie aus der Krönungsmesse, aus der ja auch (vgl. den Aufsatz über Zitat und Selbstzitat in diesem Buch) »Figaro« schon zitierte – eine, ob kalkuliert oder unbewußt, abermals wunderbare thematische Engführung von »Erbarmen« (Kyrie) und Erbärmlichkeit (Fiordiligis).

Denn noch ist Fiordiligis Gestalt, zwar schon weniger als die ihrer Schwester, aber objektiv banal; die wahren und schönen Töne des »Cosi ognor« hat der notorischen Pseudo-Heroine quasi für Sekunden der heilige Geist eingegeben, damit sie sie gleich wieder vergessen kann. Noch hat Fiordiligi wenig mehr zu bieten als läppische, komische Gefühle eines ungeheuer durchschnittlichen Ferrareser Püppchens auf der Suche nach großen herrlichen. Aber ernstzunehmen ist schon die Hilflosigkeit ihrer Exaltation: ihr Rührendes. Schön sind dabei die Abstufungen zu Dorabella, Ferrando und Guglielmo, die Mozart und da Ponte im Auge behalten. Sie erst machen Fiordiligis Seelenaufschwung ganz sinnlich, wenn sie in ihrer großen E-Dur-Arie eine Ebene von Größe und Menschlichkeit erreicht, die ihr niemand und vermutlich nicht einmal Mozart vor Antritt der Komposition zugetraut hätte! Dabei wird Fiordiligi gar nicht »edler«, im Sinne von dramatischer Entwicklung reifer und geadelter; aber ein Schein von Adel fällt, Segen der Kunst, vorübergehend selbst auf diese Trivialolita und ihre Glamourgefühle. Es waltet »eine versteckte Melancholie über dieser herrlichen Musik, die sie auslöst, in der Liebe und ihre Verhöhnung zu einem werden« (Hildesheimer). Die totale, auch dem Komponisten nicht mehr durchschaubare und geheure Vermischung von pathetisch gemimten, lächerlichen und wieder ganz »naiv« schönen, naturhaften, sogar moralisch konsistenten Affekten hat Mozart nie vorher und nie später mit solcher Dreistigkeit riskiert. Noch größer als im »Figaro« ist die Spannweite von unten und oben. Sie bezeichnet ein Einmaliges, nämlich nicht

Wiederholbares von Mozarts Oper: Die Idee wäre ein zweites Mal zu Manier verkommen. Fiordiligi kann sich im übrigen bei den beiden Hornisten bedanken, die ihr Jammern obligat kommentieren: Wann sonst hätte ein einzelnes Instrument Komik und Wehmut so unteilbar wahrgemacht?*

Wieder scheint Mozart (wie, nach Hildesheimer, schon beim »Suave sia il vento«-Terzettino) selber »mitgerissen vom trügerischen Zauber«. Aber, als ob ihm ihre schöne Menschlichkeit schon wieder gar zu unkritisch weit gegangen wäre, läßt er Fiordiligi rasch wieder an Höhe verlieren, konsequent regressiv plätschert es über das Verführungsduett in die harten Peinlichkeiten des Finales: Das almavivaische »Perdono!« wiederholt sich in Terzen doppelt trübselig, fahl und als zart zynisches Halbzitat über die Oper hinaus. Paumgartner sieht es so: »So bleibt ein nachdenklicher Rest bitterer Erfahrung in den luftigen Hüllen der vier Menschenpuppen zurück, als hätten sie unvermutet in der falschen und wahren Gefühlsemotion des Spieles eine unzerstörbare Seele gewonnen.« Das darf mit einem Fragezeichen versehen werden. Der tückisch offene Schluß »beweist« nichts und wieder nichts; am ehesten noch, daß, wie in Sevilla, in Ferrara alles mit der Logik maximaler Trivialität weitergeht, wie es war: schlecht, medioker, voll Selbstbetrug. Gefühl sei alles, ließ Goethe Faust schwärmen. Es zu haben sei Pflicht, korrigierte viel später Günter Anders. Ein, wie man meinen möchte, sehr moderner Zwang, Frucht des Kapitalismus, eine der Hauptterrungenschaften der »Bewußtseinsindustrie«. Es scheint, Mozart habe Fatales dieser Art weniger vorausgeahnt — als Gefühl und ergo »Seele« in gewisser Weise nie statuiert; nie anders wahrgenommen denn als mehr oder weniger aufgeblähte Lüge, als Lüge mindestens der alten »kulturtragenden« Stände, der adeligen und der Bürgerwelt; vielleicht kam er nicht einmal auf den Gedanken, daß irgendjemand dergleichen ernst nehmen könnte. Mit Übertreibung zu reden, waren ihm Gefühl und Seele Spielmaterial, bestenfalls Hypothesen seiner Opern.

»Haben ist Pflicht«, schreibt Anders über die moderne Phantomwelt der »Ware«. Das Gesetz laute, »angebotene Waren anzuschaffen, auch wenn man sich diese gar nicht leisten kann«. Das gilt fürs Automobil und die Taucherausrüstung, das gilt auch für die Ware Gefühl. Ihrem blinkenden Schein erliegen die scheint's schönen Seelen, die durch die Anschaffung noch einmal erst sie selbst werden möchten; und dies *ad infinitum*.

* Wie um die Ironien der »Cosi«-Partitur unfreiwillig und übers Werk hinaus zu verlängern, lehnte Beethoven bekanntlich die Oper aus moralischen Gründen ab — und benutzte, einschließlich der Hörner und der Tonart, die »Per Pietà«-Arie zum sehr direkten Vorbild seiner anderen großen Leonoren-Arie.

Der so viele schöne Hörerseelen zu warmen Regungen veranlaßt hat, war in gewisser Weise ein sehr kalter Komponist: ein Entlarvungs-Realist. Oper scheint bei Mozart doppelstrategisch angelegt. Sie schafft eine Art kollektiver Autosuggestion, deren Gehalte von Wärme, Lieblichkeit, Menschlichkeit Bühnenfiguren und Zuhörer schlecht-naiv teilen. Musik selber zerstört dann, nachdem sie sie mit großer Hartnäckigkeit konstruiert hat, die Illusion, das Einverständnis: daß ausgerechnet sie, das Ungreifbarste, das Schöne, Gute, Wahre vermelde. Womöglich könnte man so — erfaßt man's in Gattungsbegriffen — die *Semiseria*, das *Dramma giocoso* definieren. Als die strukturbildende Uneigentlichkeit, Unwörtlichkeit der Gefühle. Mozarts berühmtes Wort: »Bei einer Oper muß schlechterdings die Poesie der Musik gehorsame Tochter sein«, ließe sich dahin pointieren, daß Musik beharrlich das Gegenteil des Wortsinns bloßlege. Das wäre eine Art Synthese per Oper.
»Wenn die Leute in mein Herz sehen könnten, so müßte ich mich fast schämen — es ist alles kalt für mich — eiskalt!« Das schreibt Mozart 1790 an seine Frau (in verblüffender Übereinstimmung mit einer prototypisch modernen Figur Tschechows: »Ich bin kalt wie das Eis, und ich schäme mich«!). Natürlich ist das Werk nicht die Person und die Person nicht das Werk, im Fall Mozart am wenigsten. Und sicherlich bezieht sich die Briefstelle auf die existentielle Krise insgesamt, die, von anderem abgesehen, der Über-Produktion von 1786–90 folgen mußte. Wie das Genie Mozarts zwischen »Kunst und Leben« manövrierte, ist ohnedies nicht zu enträtseln. Aber könnte nicht und eben deshalb das bestürzte, offenbar von Mozart lang verdrängte Gefühl von Seelenkälte mit der Kälte der Produktion zu tun haben — und noch mehr mit der Kälte, der Mozart bei seinen Figuren begegnete, indem er sie schuf?
Ein sehr kalter, erbarmungsloser Komponist, ohne daß er sich wohl dessen je analytisch versichert hätte. Mozarts Realismus hat nur wenig Schlupflöcher für jenes »Versöhnende«, das Kunst offenbar doch nötig hat. Statt Seele zu substituieren, zu garantieren, beließ er die seiner größten Figuren auf der Kippe, bestenfalls. Seele ist noch nicht und war schon da: Der alte Ort der Utopie. Sehr verkürzt ist Mozarts Oper die Seele als das Falsche in einer falschen Gesellschaft. »Am Ende«, orakelte Adorno, »ist Seele selber die Sehnsucht des Unbeseelten nach Rettung.«

Rekorde, Rekorde

Der höchste Frauenton der Oper: das dreigestrichene F der Königin der Nacht in der »Zauberflöte«. Nimmt man Apokryphes hinzu, dann dürfte Massenets »Esclarmonde« (mehrfach) führen.

Der höchste Männerton: Raouls dreigestrichenes Es in den »Hugenotten« von Meyerbeer (knapp vor dem D aus dem »Postillon von Lonjumeau«).

Den tiefsten Ton – D – produziert Osmin in der »Entführung aus dem Serail«.

Der höchste Männerchor-Ton findet sich in der »Götterdämmerung«: das hohe C.

Der lauteste Ton: Siegmunds »Wälse, Wälse« aus der »Walküre«.

Der größte Sprung von oben nach unten gelingt Kundry im »Parsifal«: vom H zum Cis fast zwei Oktaven abwärts.

Die längste Einzeloper dürfte ungestrichen Boitos »Mefistofele« sein: ca. 5½ Stunden. Der längste Einzelakt ist der erste von »Götterdämmerung«: 2 Stunden. Den längsten ununterbrochenen Liebesgesang stellt »Tristan und Isolde«: ca. 40 Minuten. Der längste Einzelgesang könnte die Wahnsinnsarie der »Lucia di Lammermoor« sein: 16 Minuten.

Der einfallsloseste Sänger ist Wagners Tannhäuser: Er singt sein eigenes Tannhäuser-Motiv im Verlauf der Oper achtmal – bei jeder guten Gelegenheit.

Die am schnellsten komponierte Oper: wahrscheinlich Donizettis »Don Pasquale«, geschrieben in zehn Tagen. Rossini brauchte für den »Barbier« 13 Tage.

Die am langsamsten komponierte Oper ist Wagners »Meistersinger«: fünf Jahre.

Die höchstgelegene Oper ist Donizettis »Linda di Chamonix«: Der 2. Akt spielt auf dem Gletscher des Montblanc. Die tiefstgelegene ist (nein, eben nicht »Tiefland«, auch nicht »Rheingold«, sondern) E. T. A. Hoffmanns respektive Lortzings »Undine«.

Die geographisch lukrativste ist Webers »Oberon«: Er spielt im Feenreich, in Frankreich, in Bagdad und in Tunis.

Der häufigste Frauenname ist Leonore: »Fidelio«, »Troubadour«, »Macht des Schicksals«, »Doktor und Apotheker«, »Alessandro Stradella«, »Die neugierigen Frauen« und »Leonore 40/45«.

Der seltsamste Männername: Don Magnifico aus Rossinis »Cenerentola«, der merkwürdigste Frauenname: die Bänkelsängerin Hopp-Majänn aus Mark Lothars »Schneider Wibbel«.

Die lyrischsten Namen sind Vogelsang (aus Mozarts »Schauspieldirektor«), Kunz Vogelsang und Konrad Nachtigall (aus den »Meister-

singern«) und Walther von der Vogelweide (aus »Tannhäuser«). Den blumenreichsten stellt Graf Belfiore aus Mozarts »La finta giardiniera«. Der schönste Frauenname ist — mit Abstand! — Lauretta. Puccinis »Gianni Schicchi« und Prokofieffs »Die Verlobung im Kloster« sonnen sich in seinem Schein.
Die tierreichste Oper ist Janaceks »Das schlaue Füchslein«: 15 Solo-Tierstimmen! Die meisten Pferde auf der Bühne erlebte man bei der Uraufführung von Puccinis »Mädchen aus dem goldenen Westen«: 8.
Die männerloseste Oper ist Puccinis »Schwester Angelica«: 14 Solo-Frauen, sonst nichts.
Um die frauenloseste bewerben sich Janaceks »Aus einem Totenhaus« (ca. 50 Männer, 1 Frau) und Pfitzners »Palestrina« (19 Männer, davon 10 Bischöfe, dazu 2 Knaben, die allerdings Sopran und Mezzo singen).
Der zweifellos falscheste Gesang ereignet sich im Wirtshaus-Chor von Bergs »Wozzeck«.
Die katholischste Oper ist »Parsifal«, die evangelischste Busonis »Doktor Faust« (mit dem mächtigen Lutherlied-Chor), die heidnischste Marschners »Der Vampyr«, die gottloseste Weills »Aufstieg und Fall der Stadt Mahagonni«, die kosmischste Hindemiths »Harmonie der Welt«, die überflüssigste Einems »Prozeß«, die themaverirrteste Sutermeisters »Raskolnikoff«, die un-opernhafteste Debussys »Pelleas und Melisande« und die doppeltste Janaceks »Die Ausflüge des Herrn Broucek«: eine »Doppeloper«.
Die widerlichste Oper ist »Capriccio« von Richard Strauss, und von ihm stammt auch der verheerendste Plan, den je ein Opernkomponist ersann:
a) in jeder Metropole zwei Opernhäuser zu errichten, ein »Opernmuseum« und eine »Spieloper«, in der nur Minderes wie »Boris Godunow« und »Rigoletto« stattfinden solle — b) auf Werke wie »Otello« und »Don Carlos« ganz zu verzichten: »Sie gehören nicht auf die deutsche Bühne.«

Ein ganz gewöhnlicher Tag im Leben des Giacomo Meyerbeer

Einen lebenden, weißen Elefanten! Wo soll ich denn den hernehmen?!
Das ist Ihre Sache, Sie sind der Regisseur.

Geht nach Hause! Die Probe ist zu Ende! Ich geh' jetzt weiße Elefanten suchen

Warum stumm ?

Eine Information aus dem Hintergrund

Von unserem Gastautor Bernd Eilert

Ich verstehe die Librettisten nicht.
Nein, ich verstehe die Librettisten wirklich nicht. Und ich bin froh, hier einmal in aller Deutlichkeit sagen zu dürfen, warum — bzw. warum nicht.
Treten Sie bitte zurück, denn ich werde zum besseren Verständnis etwas weiter ausholen müssen.
Wie man weiß, bin ich weit gereist. Und wie jeder Reisende aus Passion, so bin auch ich stolz auf die Entdeckungen, die ich dabei gemacht habe; besonders auf jene weitab von den ausgetretenen Pfaden des ordinären Tourismus, dort, wo man sie eigentlich am wenigsten erwarten dürfte.
Dort, irgendwo zwischen Triest und Rimini, liegt eine Stadt, die mir zum Schauplatz und Hintergrund einer Oper geeignet scheint wie kaum eine zweite.
Die Stadt liegt am Meer; sie ist strenggenommen sogar ins Meer hinein gebaut, durchzogen von künstlichen und natürlichen Wasserwegen, deren Ufer prachtvolle Palazzi säumen, halb im byzantinischen, halb im gotischen und der Rest im Stil der Renaissance. Plätze und Plätzchen hat diese Stadt unzählige, auch viele Kirchen, Kolonnaden, Passagen, Brükken — kurz: alles, was man zur Kulisse einer Oper wohl gebrauchen könnte.
Wie die Verfasser von Opern an dieser Stadt bisher achtlos vorübergehen konnten, wird mir ein Rätsel bleiben, mein Lebtag. Wenn man sie überhaupt mit einer anderen Stadt vergleichen wollte, dann höchstens mit der Emsland-Metropole Papenburg. Ja, ich stehe nicht an, sie zum Papenburg des Südens zu ernennen.
Ihr wirklicher Name aber — und nun bitte ich besonders die Librettisten unter meinen Lesern um allerhöchste Aufmerksamkeit — ihr wirklicher Name ist Venedig.
Zugegeben, ein leicht anrüchiger Name; tönt er doch ein wenig nach Eisdiele oder Pizzeria. Doch davon sich abschrecken zu lassen, wäre Dünkel. Wenn ich bedenke, was hier an hochoperesken Höhepunkten schon hätte stattfinden können!
Ein Lohengrin, der statt per Schwan in einer Gondel (das ist hier eine Art Schiffchen, das, meiner Beobachtung nach, durch Singen vorwärts bewegt wird) an Land geht. Ein Freischütz, der statt in die Wolfsschlucht

in den Canale Grande (die Hauptwasserstraße Venedigs) purzelt. Carmen, die statt mit einem Torero mit einem Dogen (so heißt der Bürgermeister von Venedig) zu kämpfen hat. Don Carlos, der in den Markusdom (das ist der Name einer sehr hübschen Kirche hier) statt in irgendein Kloster flieht. Wozzeck, der seine Marie von der Rialto-Brücke (das ist die größte Brücke von allen) stößt. Fidelio, der seine Gefangenen in die Bleikammern (das hiesige Gefängnis) sperrt. Ein Lachchor auf der Seufzerbrücke (die gibt's hier wirklich!); Papageno als Taubenfänger (davon gibt es hier genug); »Der fliegende Gondoliere« ... Überhaupt: was Venedig allein an würdigen Titeln liefern würde! »Die Meistersinger von Venedig«, »Der Barbier von Venedig«, »Die Irre von Venedig«, »Die Stumme von Venedig« — obwohl Venedig, wie gesagt, mehr die Stadt der Tauben ist. Wenn Wagner wirklich Alliterationen so geschätzt hat, warum hat er dann nicht den »Ring des Rialto« geschrieben? »Die Dogendämmerung«, »Das Ganale Grande Gold«, »Vendetta in Venezia«? Warum gibt es keine »Dreidogenoper«, keine »Cavalleria veneziana«? Wo bleibt »Doge und Zimmermann«? Oder »Zar und Gondelmann«? »Herzog Blaubarts Palazzo«, »Ariadne am Lido«, »Pique Doge«, »Der Zigeunerdoge«, »Die Zaubergondel«, »Im weissen Rössl am Markusplatz« ... Ach, man könnte schwermütig werden (aber wer möchte das nicht?), und ich darf gar nicht daran denken (vom Denken bekomme ich nämlich immer Kopfschmerzen), was sich hier an Opern hätte abspielen können: »Der Vetter aus Venedig«, »Der Graf von Venedig«, »Der Kalif von Venedig« ... Nur den Trompeter von Säckingen würde ich hier nicht so gern sehen — ich weiß auch nicht, warum — bzw. warum nicht?

Tips für anspruchsvolle Nerven

Wollen Sie abheben?
Die Erde verlassen für fünf Minuten? Entschweben wie die Lufthelden Jean Pauls? Dann empfehle ich dringend (am besten zusammen mit einem Espresso) das Quartett »Ach, Belmonte, ach, mein Leben« aus der »Entführung«. Haben Sie davon noch nicht genug, dann sei Ihnen das Schlußduett derselben Oper, »Welch ein Geschick«, ans Herz gelegt — da werden Sie zwar anfangs noch im hiesigen Jammertal mitseufzen, dann aber von Minute zu Minute mehr der Mutter Erde entraten, wetten? Spätestens bei »O welche Seligkeit« liegen Sie waagerecht im Ätherblau.

— Übrigens war es Carl Maria von Weber, der das bis heute Stringenteste über diese Oper geschrieben hat: »Eine ›Entführung‹ konnte Mozart mit dem besten Willen nicht wieder schreiben. In ihr glaube ich das zu erblicken, was jedem Menschen seine frohen Jünglingsjahre sind, deren Blütezeit er *so* nie wieder erringen kann.« Für welchen intelligenten Satz Weber aufs gerechteste belohnt wurde — bzw. Sie: Wenn Sie nämlich »Nimm hin die Seele mein« aus der »Euryanthe« auf den Plattenteller zirkeln, glauben Sie nicht nur wieder »Entführung« zu hören, sondern — ein drittes Mal abzuheben. Leider nur für drei Minuten.

Wollen Sie ansatzlos euphorisch werden?

Das Gefühl ist dem Abheben verwandt, und doch ein anderes — bevor ich's lang erkläre: Probieren Sie's mit der Romanze der Zerline »Erblickt auf Felsenhöh'n« aus »Fra Diavolo« oder mit dem Lied der Laura »Wenn im Mondenschein der Berge Gipfel strahlen« aus dem »Bettelstudenten«; dann wissen Sie, was ich meine. Funkt's nicht, dann greifen Sie zur »Oberon«-Ouvertüre, der Allegro-Reprise »Jetzt gießt sich aus ein sanfter Glanz« — oder aber zum Lied »Der Vollmond strahlt auf Bergeshöhn« aus Schuberts »Rosamunde«. Merken Sie was? Berg — Felsenhöhn — Mond — sanfter Glanz. Ob wir uns da gar von den Texten hereinlegen lassen?

Wollen Sie schwindelig werden?

Da könnte das Duett »Gia nella notte densa« aus Verdis »Otello« hinkommen — auch Desdemona und ihr Mohr selber werden ganz benebelt davon. Hilft's nichts, dann in Gottes Namen »Tristan«, 2. Aufzug.

Wollen Sie schmelzen?

Da ist, klar, Puccini dran. Am besten das Lauretta-Liedchen »O mio babbino caro« aus »Gianni Schicchi«. Aber auch die beiden Liu-Arien aus »Turandot« bringen's jederzeit. Schmelzend weinerlich, weil er so fröhlich ist, macht der Musette-Walzer aus »Bohème«. Tip für Mischcharaktere und Snobs: das Walzerlied der Julia aus Gounods »Romeo und Julia«. Da schunkeln Sie sogar — zum Schmelzeln!

Wollen Sie sich auflösen?

Dann selbstverständlich nur der Verwandlungsmonolog der »Daphne«. Ihr erster Monolog dagegen spielt mehr ins Schmelzerisch-Abheberische hinein.

Wollen Sie sich gruseln?

Wohlig, versteht sich? Dann gut durchgeatmet und »Walküre«, 1. Aufzug, Gesang der Sieglinde: »Ein Fremder trat da herein . . .« Klar?

Wollen Sie sich flunkerisch fühlen?

Was immer das ist, aber Rosinas »Una voce poco fa« aus »Barbier von Sevilla« könnte optimal hinkommen. Dacapo? Dann wohl die Juwelen-Arie aus »Margarethe«. Und wie der Schmuck flunkert!

Wollen Sie sich fühlen, »als würden wir vom lauen Himmel Italiens eingesogen und von den Wellen der Töne aufgelöset und als ein Hauch von der Donna eingeatmet, die unter dem Sternenhimmel mit uns in einer Gondel fährt«?
Ja? Wollen Sie? Glaub ich gern. Aber dann müssen Sie schon den oben erwähnten Jean Paul lesen: »Die unsichtbare Loge«; oder was anderes von ihm. Opernmäßig ist da nichts drin. Es ist zu – musikalisch!
Wollen Sie Ihre Ruhe haben?
Dann Buch weg – und Pfitzners »Die Rose vom Liebesgarten« aufs Grammophon.
Wollen Sie überhaupt nichts mehr?
Dann Richard Strauss' suicidförderndes »Capriccio« – oder rasch den nächsten Absatz lesen:
Wollen Sie elektrisiert werden und überhaupt vollends aus dem Häuschen geraten?
Im Rahmen einer eleganzfunkelnden, was sage ich: eleganzfunkblinkernden Polonaise? Die vielleicht mit den Worten »Je suis Titania la blonde, je suis Titania fille de l'air« anhebt? Dürft's dann von einer gewissen Philine sein? Gegebenenfalls aus »Mignon« von Thomas? Kennen Sie schon? Aber mit Sylvia Geszty? Doch nicht? Dann langen Sie zu! Rasch!! Bevor Sie in die Erde rauschen und ein Haupt-Narkotikum ihrer Oberfläche verpaßt haben!!!
So. Das alles können Sie jetzt. Sie brauchen ja nur zu sagen, wo's weh tut. Wie? »Dankeschön«? Nichts zu danken. Gern geschehen. Was tut man nicht alles für seine Kunden. Dazu sind wir Opernführer ja da.

Ein beknackter Kacker

Unser Porträt: Wotan

Logo, über den alten Wotan in Wagners »Ring« ist ja schon elend viel an Deutung heruntergerotzt worden, jeder Programmwisch haut da mächtig auf den Putz und bohrt rum – aber fast immer ist das doch schattiges Geseire und wird dem Typ überhaupt nicht gerecht, denn an sich ist er ja ein beknackter alter Spinner, dieser Wotan, und eigentlich hängt er ja in dieser Tetralogie ziemlich rum mit seinem Weltherrschaftsshit und Welterlösungsschrott und seinem Gedöns mit dem Nibelungen-Ring, da hat er natürlich irgendwo einen riesigen Schlag im Hirn – aber die Musik ist echt dufte, die läuft voll rein bei mir, die törnt mich an –

Wie sich Cosima einmal in Richards Intimsphäre einmischte

ZÄHME DIE ZUNGE, ZANHIPPE, VERGIß NICH, DAß ICH HIER DAS SCHENIE BIN, WÄHREND DU NUR DIE DOCHTER EINES SOLCHEN BIST, NIWAHR, DAS BITT'CH MER AUS.
3
SO, UN NU KOMPONIER'CH, WIE WOTAN BRÜNNHILDE ZUR SCHNEGGE MACHT.
4

und irgendwo seh ich's dann auch ein, wenn der Chaot in seiner Götterdämmerungskiste voll angesäuert rummotzt, über die Musik kann ich den Greis voll verstehen, da werd ich high, da hör ich den ganzen »Ring« 15 Stunden lang highfi durch – dabei ist der alte Sack zuerst der hinterletzte Kacker, wenn er da im »Rheingold« zuerst den Walhall-Schuppen baut und irr hinklotzt für sich und seine ganzen Götter-Freaks, da ist er mir noch ehrlich zuwider, aber dann, wenn die ganzen Troubles so auf ihn zukommen, wenn der Alberich Ärger macht von wegen Absahnen, und später Fafner und Fasolt, weil die auf Freia stehen, eine ziemlich einsame Schnecke, wie sie ihn ansäuern, und er, Wotan, aber trotzdem die Power behält, dann seh ich den Typ klar ein – und wenn er dann am Schluß vor dem ganzen Walhall-People sein »Abendlich strahlt der Sonne Auge« über den Planeten röhrt und den Hammer ganz hoch hängt, das macht mich an, da könnt' ich oft durchdrehen, na ja, in der »Walküre«, da macht ihm ja dann wieder die alte Eule Fricka eine heiße Show, weil Siegmund auf seine Schwester Bock gehabt und sie natürlich voll durchgebumst hat, und Fricka redet Stuß von wegen Ehemoral, und Wotan ist also wieder echt sauer, was die Pfanne quatscht, und er kriegt wieder einen Satz heißer Ohren – aber wieder bleibt er der große King und semmelt dafür dem Hunding eins rein, und zum Schluß gegen die Brünnhilde, eine riesige Tussi, behält er dann voll die Übersicht, draus wird dann eine echt irre Scene mit allem Dings und dem Glimmermann Loge, der den Feuerzauber drauf hat, und Wotan voll Rohr »Leb wohl, du schönes, herrliches Kind«, und dann, bevor er die Mücke macht, nochmals »Wer meines Speeres Spitze fürchtet, durchschreite das Feuer nie« – an sich find ich ja so Stabreim-Quatsch Kiki, aber hier bei Wotan macht's mir unheimliche Vibrations, so daß ich jedesmal unwahrscheinlich schnell ins Lollipop-Disco in die City drücken und eine der alten Tanten dort anmachen, abschleppen und aufreißen muß – und dann auf der Matratze mach ich später sofort stereo mit »Siegfried« weiter, da gräbt ja Wotan dann als »Wanderer« rum, da ist er schon echt ganz kaputt, blickt aber irgendwo trotzdem noch voll durch, zuerst erbt der Mime von ihm Taucherbrillen, da wird die ganze Nibelungen-Story nochmals durchgezogen, dann schafft Wotan sich bei Fafner rein, der ziemlich verratzt im Wald rumbrettert, ein irr schlaffer Typ, der nur auf seiner Matte döst – und ab da wird dann immer clearer, daß es mit Wotan ex und hopp geht, ist ja auch die ganze Message der Tetralogie, zuerst fragt er nämlich bei Erda, was noch so läuft mit Weltgeschichteladen und so, aber die flüstert ihm auch nichts Gutes, dann macht wieder Siegfried Terror und hebt ihm den Speer ab, und jetzt guckt Wotan logo ganz schattig in die Scheiße, aber wie er da trotzdem sein letztes Wort hinteimt, »Zieh hin, ich kann dich nicht halten«, da ist echt viel resignierender Sound drin, und später in der »Götterdämmerung« mischt Wotan dann ja auch gar nicht mehr mit, da steht er schon voll im Wald — aber gerade that's is it, dieses völlige und totale Ausflippen find ich so irre gut, gerade diese echte Tragik, wie der Greis merkt, daß der Ofen aus ist, die Götter-Klitsche dicht, der Hammer runter, weil eben die großen Singles ausgeklotzt haben und der Plebs die Trips macht — dieser ganze abgeschlaffte abendländische Kulturshitpessimismus, dieser ganze astrein abgefuckte tragische Rotz — da hab ich echt Feeling dafür, und der alte Mythenheini, das merk ich direkt, ist genauso irr ausgeklinkt wie ich. Und man kann ja über den ganzen linken Opern-Kack sagen, was man will — Wotan ist ein echter Gent, der ist einsame Spitze. Da hat der alte Wagner-Wichser einmal echt cool zugeschlagen! Yeah!

Verdi und die Gemütlichkeit

Zur Ästhetik seiner Opern

Sollte ein durchaus hörfähiger, aber durch keine Ansage aufgeklärter Radiohörer bei einer gewissen äußerst wehen und windelweichen Bläsermusik einen Moment lang glauben, er befinde sich bei einer ländlichen Beerdigung in Oberbayern: so hätte der Hörer zwar auch nicht ganz unrecht. Aber genau genommen wohnt er dem Tod des Posa bei, im Gefängnis des Don Carlos in Verdis Oper: »O Carlo, ascolta — la madre t'aspetta — io morrò, ma lieto in core —«

Der Malteserritter Rodrigo, Marchese di Posa, Grande di Spagna, hat sich sein Ableben einigen musikalisch-dramatischen Aufwand kosten lassen. Über einem Orchesterklang von geradezu sämig-brodelnder Düsternis gibt der durch Spaniens Inquisition tödlich Getroffene zunächst im stockenden Rezitativ letzte Anweisungen an den Freund Carlo, um dann, einmündend in eine Des-Dur-Melodie, Bilanz zu ziehen: »Io morrò — froh geh' ich aus diesem Leben, du sollst ihm erhalten sein.«

Die von Posa gewählte, von Harfenarpeggios umgarnte Melodie ist studierenswert. Abwechselnd folgt ja ein höherer Ton einem in geringem Abstand tieferen und umgekehrt; aus solcher Pendelbewegung erwächst das Bild eines Wiegenlieds. Dieses hehren Effekts nicht genug, leitet der Sterbende enharmonisch über nach A-Dur: Das Orchester zitiert wie aus weiter Ferne ein höchst beziehungsreiches, wehmütiges und doch rhythmisch kraftvolles Erinnerungsmotiv aus dem 1. Akt der Oper, das noch

einmal die Freundschaft Posa—Carlo pianissimo und eben deshalb exzessiv beschwört. Das kurvt dann erneut in die von Arpeggien und Streicherpizzikati umwobene Wiegenmelodie nach Des-Dur — und endet nach wenigen Takten mit einem melodramatisch forcierten Aushauchen von Posas edler Seele im erregten Allegro.
In der analogen Szene von Schillers Drama, die Verdi weitgehend übernahm, skandiert der Marquis »mit brechender Stimme«: »Er ist geschwind — der König — ich hoffte — länger — Denk auf deine Rettung — Hörst du? — auf deine Rettung — Deine Mutter weiß alles — ich kann nicht mehr —«
Carlos, schreibt Schiller, bleibt wie tot bei dem Leichnam liegen. Der Eindruck der Szene, auf den naiven wie den reflektierenden Betrachter, ist bei Schiller ein zweifellos gewaltiger, ein gerade wegen der Lakonie des Textes lapidarer, den Zuschauer treffender. Das Herz krampft sich auf eine merkwürdig gelöste Weise zusammen — die Szene ist nach Schillers Wunsch und in seiner Terminologie: erhaben. Und genau das ist sie dem naiven Empfinden nach in Verdis Oper — eben nicht. Etwas anderes rührt uns an — es ist dem Erhabnen verwandt, aber es kommt ein Verklärendes hinzu, etwas Sattes, ungleich weniger Bedrohliches, etwas Milderndes, ja wohlig Verblasenes (insofern hat das einleitende Trompetengeblase etwas doppelt Sinnliches), das nicht leicht zu benennen ist.
Nochmals ist zurückzukommen auf die schleichenden Trompetengänge in Terzen, die von Paukenwirbeln und chromatisch trübseligen Cellowendungen beantwortet werden, was alles auch leis komisch an eine etwas danebengegangene Feierlichkeit einer Friedhofsmusik erinnert. Und so edel und »sublim« Posas Gesangslinie anmutet — auch ihrer Form des Wiegenlieds haftet etwas recht Volkstümliches, Drehorgelhaftes an, eine Spur von Vulgarität. Die doppelte Assoziation von Volkstümlichkeit mit jeweils dem Hintergrund von Feierlichkeit und Erhabenheit legt uns einen Begriff nahe, der Schiller vorübergehend aus dem Spiel nimmt. Wenn das Volk gehobener Stimmung ist, wird's — gemütlich. Wenn es eine Ableitung für seelische Hochspannungen sucht, stürzt es sich am liebsten in die Rituale der Gemütlichkeit. Der Begriff »Gemütlichkeit«, kaum ist er aufgetaucht, rückt bei Verdi ins Zentrum. Nicht waltet in seinem »Don Carlos« primär Schillers »Erhabenes«, sondern es strömen und erwärmen Töne von Gemütlichkeit, in schon entfesselter Form. Und dies meint keineswegs Abwertung der Musik, sondern ihre Definition.
Mit der hat's große Schwierigkeiten. Wer heute über Verdis Musik nachdenkt, der betritt fast Neuland. Der Fall ist merkwürdig, ja paradox: Der vielleicht populärste Künstler der Weltgeschichte ist einer, dessen

theoretische Durchleuchtung allzeit bis zur Absurdität verschmäht wurde. Und es fragt sich, ob der Mann nicht auch, allem Anschein zum Trotz, am wenigsten begriffen wurde. Mozart, Wagner, Beethoven — ihre Rezeptionsgeschichte ist riesig, insgesamt doch respektabel und allenfalls leidig unübersehbar. Verdis Oper, je breitere Wirkung ihr Theater und Schallplatte verschaffen, war und ist theoretisches Armenhaus. Es gibt so gut wie nichts Schriftliches, das uns darüber aufklärte, warum uns Verdi behagt oder auch ergreift. Es ist, als ob diese heute wie je triumphale Oper — nicht ernstzunehmen sei.

Das mag viele Gründe haben. Voran dürfte stehen Verdis echte und vermeintliche Simplizität, die ja wohl noch immer als »vulgär« und »plebejisch« gilt. Und diese Simplizität sei wohl den auf würdigere Objekte lauernden Feinsinn potentieller Interpreten nicht wert. Darin liegt insofern etwas Wahres, als Verdis Populäres und vermeintlich leicht Durchschaubares der Theorie paradoxerweise weniger einspielt — ja mehr Hindernisse in den Weg legt als sogar der Faust II oder ein Kafka-Roman. Mag sein auch, daß Verdi, der allen ästhetischen Grundsatzentscheidungen zeitlebens mehr als reserviert gegenüberstand, das Unheil selbst — und sogar mit Absicht! — angezettelt hat: indem er den Deutern schon zu Lebzeiten gar zu wenig theoretisch Spektakuläres bot, an dem sich die Leidenschaft zum Tiefgründen ein warmes Plätzchen hätte suchen können.

Ein Moment ragt aber noch mehr heraus, sucht man Gründe für den Mißmut, sich mit Verdi zu beschäftigen: die scheint's »unüberwindliche« Kluft zwischen Früh- und Spätwerk — wobei diese Kategorien zudem sehr ungenau sind.

In der Tat macht das Gefälle zwischen den Höhen des »Otello« und den Produktionen bis hin zu »Rigoletto«, ja »Maskenball« Schwierigkeiten, es scheint keinen rechten Sinn zu geben. Der Mozart der »Zauberflöte« ist schon in »Bastien und Bastienne« sehr präsent, auch der Wagner des »Ring« im »Holländer«: Beide Male erscheint der Gang des Genies sinnvoll. Bei Verdi schrecken — sofern man sich nicht auf die snobistische Idee einläßt, gerade das frühe Mittelmäßige am interessantesten zu finden — bei Verdi schrecken zunächst nichts als Ungereimtheiten. So daß den Opernführern meist nur die Glanzerkenntnis zuwächst, aus dem jeweils letzten mißlungenen Opus die Fortschritte des nächsten und nicht mehr ganz so danebengeratenen herauszufiltern. Um so aus dem absolut mediokren Erstling »Oberto« endlich irgendwie auf den grünen Zweig des »Falstaff« zu kommen. Was aber ist das »Kongruente«, die Idee dieses Opernwerks?

»Gemütlichkeit«: Sie stand Pate bei der Geburt der Verdi-Musik, sie fand ihre erste Großapotheose in der Stretta aus dem »Troubadour«. Wenn diese Musik nicht gemütlich ist, ist es keine. Dabei ist ihr Anlaß beklemmend: Manrico, lebensbedroht und soeben aus der auch nicht alltäglichen Prozedur einer Hochzeit entlassen, erfährt von der Gefangennahme der Mutter. Daß dem Troubadour in solch dreifach exponierter Lage nichts anderes in den Kopf fliegt als eine martialisch kolorierte Mazurka-Gemütlichkeit, gibt über das Unikat »Troubadour« hinaus zu denken. Denn nicht waltet hier bloße kompositorische Unzulänglichkeit. Jahrzehnte später, es ist Verdis inspirierteste Phase, viele seiner Musiken scheinen sich aus dem schieren Überfluß heraus selber zu schreiben — in dieser Zeit kommt es zu einer gleichfalls nervenaufreibenden Begegnung zwischen Don Carlos und seiner geliebten Schwiegermutter Elisabetta. Das Duett gehört zu den ganz raren Opernmusiken, in denen Fieber, »delirio«, ja Wollust am eigenen, Carlos' nämlich, Desaster, zu Ton und Klangbild wurden. Hört man die Musik plan, so kommt man um die verwunderte Feststellung nicht herum, daß auch dieses lodernde, so rührend expressive Duett gerade an seinen Gelenkstellen die waltende Tragik in einem Grundton austrägt, der dem der Troubadour-Stretta auf die Herzfaser gleicht: dem von — Gemütlichkeit, über alle Fährnisse hinweg: »Ah! il ciel s'illuminò . . . la selva rifiori!« Vielleicht ist es gerade das Schön-Gemütliche in Carlos Wahnvorstellungen, das Elisabetta, »o delirio, o terror!«, so sehr schreckt!

»Gemütlichkeit«: Führt man den Begriff hypothetisch ein, als einen für Verdi offenbar relevanten, ergeben sich sofort Unbequemlichkeiten. Das deutsche Wort »gemütlich« ist — als eins der »deutschesten« — bekanntlich nicht adäquat zu übersetzen. Tatsächlich treffen die italienischen Vokabeln die Sache nur zum Teil. »Commodità« — das meint eher die Behaglichkeit des Wohnens; »affiatamento« mehr die Zusammengehörigkeit Gleichgesinnter; »cordialità« entspricht dem deutschen »Herzlichkeit«. »Simpatico« und »raccato« bezeichnen das Intime des Herzlichen — am ehesten entspräche wohl »pieno di cuore« jenem deutschen Gemütlichen in seinem heutigen Sprachgebrauch, auf das historische »Ambiente« des Worts kommen wir zurück.

Hört man nun einen frühen Verdi, am besten das Finale von »I Masnadieri«, der Vertonung ausgerechnet von Schillers »Räubern« aus dem Jahr 1847, dann wird man gerade am deutschen Begriff »gemütlich« festhalten. Über etwas Ähnliches, über ein ähnlich hochdramatisches Terzett im Rhythmus eines Johann-Strauß-Walzers in Verdis »I due Foscari«, habe man in Wien 1844 sehr gelacht, berichtet Donizetti, der freilich vergleichbar Ungeniertes vollbrachte. Das Terzett-Finale aus den »Räubern« ist eins der ersten herzergreifenden Exemplare in der langen Kette von Verdis »Per sempre addio«-Musiken — sein komisches Interesse findet es nicht nur darin, daß es Schillers genialisches Sturm

und Drang-Stück gnadenlos in eine Sphäre von Schauerromantik jenseits von Gut und Böse und aller zeitgenössischen Dramenkultur manövriert: Dies Terzett ist wirklich Leierkastenblödsinn — aber nicht irgendeiner, sondern mit der präzisen Funktion ausgestattet, alle Antinomien dieser schnöden Welt in pure Gemütlichkeit aufzulösen. Aufgefahren wird etwas zwischen Wiener- und Musette-Walzer, das, zum Schunkeln einladend, ebenso an »O du lieber Augustin« erinnert wie an das unsterbliche Lied »O du mein Kufstein, holleri«; die ganze schöne Stilbarbarei klingt wie der Beschluß einer Betriebsfeier, auf der es sehr flott hergegangen ist und an deren Ende es die Herzen betrunken zum Himmel zieht: Nicht zufällig, dort allerdings kalkuliert, ereignet sich musikalisch Ähnliches am Schluß von »Hoffmanns Erzählungen«, wenn der niedergetrunkene Poet und seine Statisten ein letztes Mal die Barcarole anstimmen, nämlich fast grölen — und was herauskommt, ist trotzdem ein geradezu spiritueller Rausch jenseits des ordinären . . .
Erneut ist darauf zu verweisen, daß auch der 15 Jahre ältere, dem Standard der europäischen Zivilisationsnormen inzwischen gewachsene Verdi für »Macht des Schicksals« ein Finale schrieb, das der alten wundersamen Untaten eingedenk bleibt. Lediglich versteckt sich hier die alte Walzer-Gemütlichkeit hinter einem zarten Schleier, den der Maestro inzwischen zu stricken versteht. An der musikalischen »Substanz«, am musikalischen »Ur-Erlebnis« hat sich wenig geändert.
Gemütlichkeit ist nicht nur ein recht komplizierter Begriff, sondern auch eine weithin ungeklärte musikalische Kategorie; wenn sie eine ist. Dem Erhabenen fraglos verwandt, erscheint das Gemüthaft-Gemütliche zunächst als seine Travestie, als seine schnelle und reibungslose Verklärung mit Tendenz ins Triviale —: Und doch findet bei Verdi, wenn's »gemütlich«, nämlich verdianisch, wird, etwas Autonomes und keineswegs Kitschiges statt, wobei die Rangunterschiede zwischen »I Masnadieri« dort, »Forza del Destino« hier nicht erheblich sind. Man könnte sagen, wenn es um den dramatischen »effetto« geht, kümmern Verdi weder Psychologie noch zum Teil auch musikalische Distinktion. Das bestätigen einige von Verdis meist recht vagen theoretischen Äußerungen, aber der Befund griffe doch zu kurz und ins Verdi-Klischee hinein. Hinter dem, was wir als »gemütlich« empfinden und diskutieren, verbirgt sich offenbar die Idee des Werks selber, durch alle Reifephasen hindurch, als unterschiedlich vollkommene Gestalten im gleichen Licht: eben dem des Gemütvoll-Gemütlichen. Mindestens von »Ernani« bis zu »Aida« hat sich daran nichts Entscheidendes gewandelt, so wie das unbekümmerte »Schrummtata« der frühen Walzer innerer Rhythmus blieb. Es hat sich oft nur, den Genuß an ihm zu steigern, zu einem pretiösen Alterherrentänzchen domestiziert.

Die Spuren dieser verdianischen »Gemütlichkeit« führen über die »Galeerenjahre« zurück ins Ambiente der zeitgenössischen italienischen Musik. Gemütlichkeit, auch die im Leben, hat etwas Neutralisierendes, Nivellierendes. Dies bildet auch das Relief der ersten Verdi-Opern: »Himmel, was tat ich«, jammert im »Oberto« irgendein Riccardo, stimmt ein Gebet an und löst es schnurstracks in seligen Belcanto auf. In Verdis zweiter Oper, »König für einen Tag«, freut sich ein Herr Eduardo darüber, daß er bald die Braut heimführen darf, und singt dazu etwas Ständchenartiges – der Ausdruck der Musik ist beide Male vollkommen identisch! Nämlich – entschieden gemütlich und sonst nichts. Das erklärt sich nur zum kleineren Teil aus den Unzulänglichkeiten des Debutanten: Es ist vielmehr in der Musikidee selber begründet. Diese Musik ist allesdeutig.
Der Begriff der Ambivalenz ist allerdings nur mit Vorsicht einzusetzen. Denn eigentlich ist diese Musik nicht in dem Sinne mehrdeutig wie die beste Mozarts, irisierend, hintergründig, Mona-Lisa-Lächeln tragend – eher ist es umgekehrt. Die Vielschichtigkeit des realen Wirklichen, die sehr verschiedenen Affekte des Menschen münden in einen wesentlich identischen musikalischen Ausdruck, in ein buchstäblich Gleich-Gültiges. Ohne Kenntnis der Texte wäre nicht zu unterscheiden, ob da fröhliche oder eher traurige Dinge ausgehandelt werden.
Schubert meinte, Musik könne überhaupt nicht fröhlich sein. Strawinski bestritt ihr jedes Vermögen, menschliche Affekte zu übersetzen. Andere Theoretiker halten dafür, Musik könnte das nur, wenn sie sich auf quasi kollektives Empfinden stützen könnte, auf eine Art Rezeptionskanon. Indirekt berührt die immerwährende Diskussion Verdi stark und das *Melodramma italiana* insgesamt. Musik löst bei Verdi mit ihrem Erklingen alle Widersprüche auf – und das Lösungsmittel wäre eben »Gemütlichkeit«. Vermutlich fällt sie partiell mit dem zusammen, was seither Belcanto heißt. Unter der Obhut des Belcanto finden Extreme friedlichst zusammen. Solche Verdische Operngesinnung hat eine ihrer Hauptquellen in der italienischen Volksmusik. Noch einmal: Nicht so sehr musikalische Mängel sind es, die Verdis (sagen wir:) Pseudo-Ambivalenzen sozusagen *in statu nascendi* zeigen, sondern der zeitgenössische »Bewußtseinsstand« der Musik, der Oper selber. Er schreibt sich bei Verdi kaum von den Alten her, kaum von Mozart und Beethoven, sondern vorrangig vom Volkslied: der schon älteren neapolitanischen Canzone, die sich Mitte des Jahrhunderts zum kulturellen Unikum auswächst und die das »Operndenken« Verdis mindestens so stark prägt wie die Päpste Rossini, Bellini, Donizetti, welche der Canzone ja gleichfalls die Ehre erwiesen. Der Schnittpunkt der Verdi-Oper mit der Canzone ist in den meisten der wenigen derzeit habhaften Verdi-Bücher

nicht einmal erwähnt — ein Praktiker, Ferruccio Busoni, hat ihn schon 1920 bezeichnet: »Ohne die frühen neapolitanischen Lieder wäre die gesamte italienische Opernentwicklung nicht zu begreifen. Neapel ist nicht nur die Keimzelle des sogenannten Bel-canto, es ist die Keimzelle der wahren redlichen Musik, die aus dem einfachen, unkomplizierten Herzen fließt und zu solchen Gemütern auch am ehesten wieder zurückkehrt. In seinen besten Eingebungen ist in Verdi solche wahre, redliche und einfache Musik evident geworden.«
Diese Canzone, die nach 1910 Schlagerqualität erlangte, wurde in ihrer neueren Gestalt ziemlich genau zusammen mit den ersten Verdi-Opern geboren. Mit ihr teilt Verdis Musik die »Identität« des Ausdrucks, Traurigkeit ist fröhlich, Fröhlichkeit traurig — kraft der Vermittlung: des in Freud und Leid vollen Herzens nämlich, der »pieno di cuore«-Gemütlichkeit. Diesem Geist der Canzone hielt Verdi eigentlich noch im »Otello« die Treue, wo er freilich, im Lied von der Weide, gleichsam thematisch ihrer unheimlichen Doppelbödigkeit nachspürte.
Ressourcen von »Gemütlichkeit«: Etwas anderes kam hinzu, Italiens Erhebungs- und Erneuerungsbewegung. Die »Gemütlichkeit« vor allem des frühen Verdi ist weithin identisch auch mit Idee und Stil des *Risorgimento:* der nationalen und kulturellen Kampffront vor dem Hintergrund der französischen und österreichischen Fremdherrschaft. Verdis Musik nicht zuletzt war es, die dem Risorgimento Profil und Ton verlieh, so sehr, daß Verdi noch zu »Maskenball«-Zeiten als Buchstabenspiel für das geeinte Italien herhalten mußte: V(ittoro) E(manuele) R(e) d'I(talia).
Es gab Vorstufen zu diesem leicht erfühlbaren, schwerer erklärbaren Risorgimento-Stil. Von Donizetti vor allem übernahm der Jüngere die Cabaletta und Geschwindstretta, die ziemlich obligat den zweiten Teil der mehr lyrisch-verhaltenen Arienkantilene vorstellt, das berühmteste Exemplar ist eben die »Troubadour«-Stretta: Eine emphatisch-kraftvolle Vokallinie zu lebhaftem Rhythmus, von dem etwas Quasi-Patriotisches ausgeht, etwas sozusagen objektlos, aber jederzeit Militantes — Rossini hat angesichts dessen die Formulierung vom »Musiker mit dem Helm« gefunden. Manchmal läuft der nationale Appell mehr über den Text wie im »Viva-Italia«-Hymnus aus der »Battaglia di Legnano« von 1849 oder im halbunsinnigen, aber patriotischen Lärm des »Attila«: »Avrai tu l'universo, resti l'Italia a me« — meist aber steht die Musik schon selber gerade. Ausdruck von Risorgimento sind z. B. die Ballungen an spannungschaffenden, paradoxerweise gerade deshalb so anheimelnden Synkopen aller frühen Verdi-Oper, Signale von Kampf und Widerstand gegen was auch immer — und sei es eben gegen den alten Attila. Inbild des Risorgimento sind die frühen Verdi-Chöre im *Gran-*

dioso-Stil, der Kreuzfahrer-Chor aus den »Lombardi«, der Kastilien-Chor aus »Ernani« und allen voran der Gefangenen-Chor aus »Nabucco«, der Verdi ja den kuriosen Ehrentitel eines »maestro della rivolutione italiana« eintrug.

»Als einziger seiner Zeit«, schrieb Franz Werfel 1925 in einem sonst eher albernen Text mit Recht, »hat Verdi die Massen gefühlt und seine ungeheuren Chöre geschrieben. Dies ist der Schlüssel seiner Kunst«. Ja, es war das erste Mal, daß der Gedanke (ans Volk nämlich) in der Oper über den schieren Gesang triumphierte, über Cabaletten, Koloraturen und Vokalisen. Kunst, speziell Oper, war politische Demonstration geworden. Anscheinend war man schon damals mit derlei »Engagement« fix bei der Hand, und Verdi erweist sich durchaus — auch — als Pragmatiker: Er war wohl weder politischer Komponist noch primär musikalischer Patriot, sondern frühe Inkarnation jenes heute hinlänglich geläufigen Künstlertyps, der, eigentlich wider besseres Wissen, politische Anfälligkeiten seines Publikums nutzt und benutzt — ein nationaler Seelenmanipulateur in Glanz und Blauäugigkeit.

Wenn sich aber hier «Kunst» mit dem »Volk«, der Masse, trifft, dann erneut übers Medium des »Gemütlichen«, dessen Begriff ja auch hochgestimmten Zusammenhalt impliziert. Wie die Musik des Gefangenen-Chors diesen Konsens leistet, wäre wichtig zu ergründen. Tatsächlich ist ja, was alle Welt versteht, nicht leicht zu erklären. Woraus bezieht die Fis-Dur-Melodie des »Va pensiero« ihre Macht und Unwiderstehlichkeit? Wahrscheinlich ist es die Verschmelzung kleinster Stileinheiten zum Idiom, ein ebenso ausgeklügeltes wie quasi-naturhaftes System von eigentlich schön trivialen Notenfolgen und -werten, die Folge nämlich von fanfarenhaften Vierteln, punktierten Achteln und stakkatoartigen Triolen — auch die Mischung Fortissimo und Pianissimo, gehaltlich gesprochen: von Auftrumpf- und Demutsgebärde, Inbrunst. Etwas »Höheres«, Profan-Religiöses, kommt über ein Konglomerat von kompositions-technischen Alltäglichkeiten zum Vortrag — signalhaft wird so der *consensus omnium* mitgeteilt, daß die Welt in Ordnung sei, wenn nur alle richtig zusammenstehen oder (man kann's jedes Jahr als letzten Abglanz in Verona erleben) zusammensitzen. Dann nämlich wird's — gemütlich. Die biergesättigte Weihe des Heidelberger Studentenlieds ist dem nicht allzu fern.

Man darf aber auch umgekehrt die Frage stellen: Hat Verdi mit der Tonfolge, dem Rhythmus des »Nabucco«-Chores einen sozusagen im (zumindest abendländischen) Menschengeschlecht angelegten Nerv von Gemütlichkeit getroffen? Ein latentes Bedürfnis danach?

»Dieser Nabucco«, soll Donizetti 1842 im Eisenbahnzug gerufen haben, »Schön! Schön! Schön! Das ist Genie!« Zurückzukommen ist trotzdem auf die Technik, die solche »Aura« erzielt. Eine große Rolle spielt wahrscheinlich die Verschmelzung von Dreiviertel- und Viervierte-Gestalt durch die Energie der obstinaten Triolenwendungen. Solcher Misch- und Kontrastwirkungen hat Verdi sich immer wieder bedient, sie schaffen seine theatralische Szene wie seinen Opernwohlklang. Wollte man gegen Verdi polemisieren, würde man nicht ganz zu Unrecht von allerlei geschickten, wesentlich kunst-gewerblichen Mixturen reden, von Konfektionismen, von salonmusiknahen Draperien, von »kulturindustriellen« Arrangements, die ebenso 19. wie schon 20. Jahrhundert sind.

Hier ist Differenzierung sehr anzuraten. Verdis Mittel sind zu einem kleinen Teil dubios, zum anderen spiegeln sie sehr genau und integer den objektiven Stand der Musikgeschichte. Verdis Oper ist, gemessen an der Klassik, bereits eine regressive Gattung. Mit Magien, mit Tricks hält sie sich sozusagen noch über Wasser — wie bei Verdi, so bei Wagner, nicht erst bei den »Epigonen« beider. Einer der bevorzugten Tricks ist die Mixtur. Mixturen verwendet Verdi immer wieder etwa zwischen den Tongeschlechtern. Der gerühmte »Melodista« war ein Harmoniker, der mit vergleichsweise bescheidenen Mitteln Erstaunliches zuwege brachte, zum Beispiel seltsam verhangene Dur-Moll-Changierungen. Wobei die Mischungen nicht so sehr, wie etwa bei Mahler, auf Reibung, Härte zielen — sie weichen vielmehr auf, womit sie die bereits stark angestaubten Phrasen der Belcanto-Kantilene veredeln.

Mischungen, Kontraste: Gröbere, aber auch zarte sucht und findet Verdi im Dramatischen seiner Stoffe selber, und natürlich stößt er alle seine Librettisten mit Zähigkeit auf »den Punkt«. Verdis theatralisches Tableau, seine *Gran Scena,* ist gebaut auf wuchtige Gegensätze. Ihr Spektakuläres, eben »Melodramatisches«, animiert ihn erst, mehr als alle anderen großen Opernkomponisten. Das hat weniger mit der alten auf Antinomien und Antithesen gegründeten Tragödie zu tun, es kommt unmittelbar aus dem intuitiven Effektgefühl des Dramatikers und Praktikers, der selten mehr und Genaueres forderte als immer wieder »große Wirkungen« und allenfalls »Wahrheit und Schönheit« — in einer Zeit immerhin, als Grillparzer, Hebbel, ja Ibsen und die Russen schon allmählich das moderne Drama installierten!

Große, lapidare Gegensatzwirkungen erzielt Verdi von Beginn an mit bescheidenen und ziemlich konstanten Mitteln. Die Stimme des Herzogs im »Rigoletto« aus dem Hintergrund gewinnt gespenstische Farbe. In der »Traviata« gibt Verdi mit ein und derselben Technik dem Tenor Alfred den Charakter der »inneren Stimme«, des Gewissens. Gabriele Adornos Lied aus dem Hintergrund wiederum steht im Dienst der »Morgen-Stimmung« des 1. Akts von »Simone Boccanegra«.

Mit Virtuosität behandelt Verdi ganz ähnlich die Zweiteilung und gleichzeitige Synthese der Sphären »weltlich« und »geistlich«. Meist dergestalt, daß ein Mönchs-Chor die Ewigkeit beraunt, während vorn an der Rampe der Solist sein Heil sucht. Was für den »Troubadour« erstmals so exzellente Wirkung schuf, im »Miserere«, das erwies sich noch für die unchristliche »Aida« als tauglich (Amneris-Priestergericht). Im »Simone« variierte Verdi mit Fiescos Baßgebet samt pietos flehenden Frauenstimmen aus dem Hintergrund. Am hinreißendsten gelang die alte Technik im »Don Carlos« (1. Bild) und in der »Macht des Schicksals«: wenn Leonora sich anschickt, ins Kloster einzutreten und, noch gepeinigt von den Schlägen des bösartigen Fatums, aller Weltlichkeit abschwört. Zu sehen und wohlig zu hören ist ein Archetyp der Verdi-Szene: vorne die Con-passione-Melodienbögen des ringenden Sünders — im Hintergrund die eherne Statuarik der irdischen Jenseitsvertreter. Dem herrlichen, massig gesteigerten Choreinsatz der Mönche legt der »Papa dei cori«, wie schon furchtlos im »Troubadour«, gar noch eine Orgel unter.

Karl Leo Gerhartz hat solche Szenen, in denen »kontrastierende Affekte einander antithetisch gegenüberstehen« (!), als eine Technik verstanden, die Verdi von Victor Hugo übernahm (der ja seinerseits dann dem Komponisten tatsächlich jenes »Rigoletto«-Quartett neidete, weil derlei Mischungen eben nur Musik hervorzubringen vermöge). Natürlich, gemischte Stimmung in der Oper ist älteren Ursprungs; spätestens Mozart führt sie sinnlich-modellhaft im »Don Giovanni«-Quartett vor. Gerade der Vergleich mit Mozart aber ergibt die ästhetische Differenz, die abermals — das »Gemütliche« Verdis ist. Mozarts »Ah, non fidar al misero« hat die Kontur von schneidender, sozusagen intellektueller Ironie; Verdis Pendant erneut die von »übergelagerter« Harmonie — Gemütlichkeit. Ähnliches zeigt sich, vergleicht man Mozarts und Verdis Ball-Musik. Wenn die Solisten des »Don Giovanni« über der Klangfolie tänzerischer Hintergrundsmusik singen, dann waltet Unheimlichkeit, das Empfinden von etwas Bedrohlichem — in der analogen Szene des »Maskenball« verwandelt sich aber die (hier vielleicht sogar angezielte) Unheimlichkeit sofort zurück in etwas ganz Kommodes, fast Behagliches, ja, die Interferenz von Ballmusik und Abschiedsduett fördert recht eigentlich erst dessen höhere Gemütlichkeit.

Wieder hat das wenig mit Rangfragen zu tun, sondern mit der jeweiligen Opernästhetik. Ein Zwischenbefund bietet sich an: Verdis Oper ist kaum »originär« wie die Glucks, Mozarts, Webers, in gewissem Sinn noch Wagners. Ihr Wesen ist Arrangement, Eklektik, Synthese. Gespeist aus den heterogensten Quellen, von der Canzone und vom Risorgimento, von Shakespeare und vom albernsten Kolportagestück, machte diese Oper Verdi nicht nur zum womöglich ersten Prototypen des »genialen Kongenies« — die Auswahl- und Synthese-Ästhetik bezeichnet auch den sozialgeschichtlichen Standort dieser Kunst. Verdis Oper, Volten schlagend von der Blaublütigkeit ihrer bevorzugten Gestalten bis zur plebejischen Grobheit ihres Auftrumpfens, ist: bürgerlich — und zwar in jedem Sinn. Sie ist Panoptikum, Kleinmuseum des bürgerlich erwünschten Schönen und Wahren. In ihr kommt vieles und potentiell alles zusammen wie in einer Bürgerstube mit ihren Kultur-Interieurs und Schönheits-Requisiten — wie die Bürgerstube es in ihrer Hochkonjunktur war, ist Verdis Oper etwas quicklebendig Totes. Daher rührt, noch einmal, ihre »Gemütlichkeit«.

Gemütlichkeit scheint nicht nur als psychologischer und soziologischer Begriff mit Bürgerlichkeit und Bürgertum zu konvergieren, er tut's auch als ästhetischer. Ja, vermutlich ist der Begriff in seinem neueren Gehalt erst mit dem Aufblühen der Bürger-Kultur entstanden. (Sein leicht Fatales, seinen odiosen Bedeutungszusammenhang hatte er wohl von Anfang an — daß er später identisch wurde mit Barbarei, sollten wir im Auge behalten, es darf uns in diesem historischen Zusammenhang aber nur insoweit stören, als mit dem häufigen Bedeutungswandel und der Besetzung des Begriffs sich natürlich neue Verständigungs-Kalamitäten ergeben.) Gemütlichkeit meinte wohl schon der alte Goethe, der immer dann, wenn es um die Verteidigung konservativer Positionen ging, fast geheimnisvoll vom »Behaglichen« zu reden wußte — so nachdrücklich, daß schon ihm das Wort offenbar zur ästhetischen Kategorie ausuferte. Gemütlich-gemütvoll (das scheint um 1850 noch dasselbe zu meinen) ist die spätromantisch-biedermeierliche Poesie *sui generis,* freilich kaum mehr im Sinn von »Naivität«, sondern schon in Richtung auf jene halb- oder auch hochkünstlerischen Mischgebilde, die bei Verdi sichtbar werden. Im Musikalischen hat fast alle Spätromantik Anteil an diesem »Gemütlichen«: auch Wagner scheint von einem »Gemütlichen« infiziert — der »Ring« als Wiegenlied der Bürgerklasse zugleich ein »Prosit sächsischer Gemütlichkeit« (Adorno)? Gemütvoll und gemütlich bis zur Ununterscheidbarkeit stellt sich die repräsentative Musikkultur des auslaufenden 19. Jahrhunderts insgesamt dar, das Hochkommen der Salonmusik ist dafür ebenso Indiz wie das alles niederwalzende Ouvertüren- und Potpourri-Unwesen. Gemütlichkeit wird so sehr Leitgedanke einer Kultur (wenn sie eine war), daß die nicht konvenierenden Künstler wie Gustav Mahler ihr am Ende mit ihren eigenen Mitteln, den musikalischen Karikaturen von Gemütlichkeit, den Garaus schreiben.

All dem zahlt Verdis bürgerlich-großbürgerliche Opernwohnung Tribut — und lebt davon. In ihr hausen, wie in des Maestro Gutshaus Sant' Agata bei Busseto, Spuren von exklusiver Antike und — der Landmann als Parvenu — die Gassenhauer des Landes, hier wuchern die alten Donizetti-Requisiten der Walzer, der Terzenwut, der Begleittriolen — es hat aber auch das Neue und Interessante und gelegentlich Avantgardistische. Zum Beispiel seit der »Traviata« eine musikalische Gestaltensymbolik, die der Wagners nicht nachsteht. Nützlich wäre es, in diesem Zusammenhang, die Architektur der Verdi-Phrase, das Verdi-Idiom eingehend zu untersuchen. Sang Posa sein Sterben sinnig als Wiegenlied in der Bildgestalt eines schwingenden Pendels, so sterben Aida und Radames sozusagen im Höhenflug. Gildas Seufzen im »Caro nome« hat ebenso wie die resignative Gebärde der Elisabetta in »Don Carlos« die Gestalt einer Terrasse. Das Thema von Elisabettas Fis-Dur-Arie ebenso wie das der ersten Leonorenarie in »Macht des Schicksals« erinnert an eine Pyramide, das der Amelia in »Maskenball« an eine Sinuskurve.

Mischungen: Herbert Gerigk hat 1932 den Versuch gemacht, den Verdi-Stil zu analysieren. Er fand dabei den Typus der »aktiven« und der »passiven« Melodie, die sich wechselseitig in Spannung halten. Früh schon hat man bei Verdi von einem *stilo misto* gesprochen. Recht verstanden betrifft dieser den Mikro- und Makrokosmos seiner Oper, vom einzelnen Takt bis zur musikdramatischen Idee, welche Verdi abzusprechen schon trottelhaften Wagnerianismus erheischt. Auch diese Idee selber könnte man als »männlich-weiblich« deuten: Dem heroisch auftrumpfenden Risorgimento-Stil korrespondiert von Anfang an ein Weiches, sich Verflüchtigendes. Sehnsucht, zuerst noch eine Gebärde heroischer Vision, separiert sich zu einem dramatisch fast Autonomen, man könnte von einer Metaphysik des »Addio alla vita« reden, von säkularisierter Religion. Die »emozioni da far rabbrividire«, die schauern machenden Emotionen, von denen Verdi einmal sprach — sie meinen eigentlich immer (und Risorgimento hin und her) das Jenseits, die Erlösung von Erdenschwere, welche die Musik — ihr schlichtes Konzept — symbolisch vorwegnimmt. Das hat bei Verdi keinen unmittelbar christlichen Hintergrund, eher einen kulturgeschichtlichen. Früh, früher als die Dramatiker seiner Epoche bringt (siehe den Aufsatz über den »Maskenball«-Riccardo) der »Gran Vegliardo« des südlichen 19. Jahrhunderts Freuds Theorie vom Todestrieb metaphorisch auf die bündige Formel, daß Sterben Spaß macht. Gilda, Violetta, Riccardo, Simone, Aida, Leonora di Vargas — wälzen sich beim Heimgang unverhohlen in Behaglichkeit. Der Tod ist »schön«, ist geradezu wollüstiges Seufzen, Gemütlichkeit!

Was wir bei Verdi naiv als »gemütlich« empfinden, ist es auch. Gemütlichkeit, um es zu wiederholen, scheint eine spezifische, abgeleitete, halb verwässerte Gestalt des Erhabenen zu sein. In seinem Aufsatz »Über das Erhabene« aus dem Jahr 1801 begreift Schiller dies Erhabene als einen »Ausgang aus der sinnlichen Welt, worin uns das Schöne immer gefangen halten möchte.« Das Gefühl des Erhabenen gilt Schiller als eines der Wahrheit und Sittlichkeit über die pure, unreflektierte Sinnlichkeit hinaus. Das Erhabene solle über das Mittel der Rührung »zu einer Darstellung des Übersinnlichen dienen und dem Gemüt einen Schwung geben.«

Dem ist Verdis musikdramatische Idee nicht gar zu fremd. Trotzdem scheut sich das ästhetische Gefühl noch davor, bei Verdi von einem Erhabenen zu reden, das etwa dem Schillerschen »Don Carlos« an die Seite zu stellen wäre. Erhabenheit bleibt hier scheint's auf dem halben Weg zu sich selber stehen — eben bei der »Gemütlichkeit«. Schiller beschreibt Erhabenheit im Fortgang als »höhere« Sinnlichkeit, die, quasi nach einem Trick der Natur, den Verlust der elementaren ersetzt. Zu folgern wäre, daß jene spirituelle Schönheit und Lust des Erhabenen dann entsteht, wenn die naturhaft sinnliche vollkommen getilgt, »abgezogen« ist. In Verdis Oper bleibt offenbar ein Rest, eine Art Überschuß und Dekor. Vielleicht könnte man sagen, daß dieser Rest Oper selber definiert, daß aber die Oper umso größer ist, je kleiner dieser Rest. Tatsächlich gibt es in Verdis Spätwerk, dem »Otello« vor allem, aber auch schon vorher, Partien, die eine so definierte Differenz von Erhabenheit und Gemütlichkeit fast zum Verschwinden bringen, das erste Duett Alvaro-Don Carlos etwa, Desdemonas Abschied. Hier erreicht Verdi eine musikalische Sprechweise, der man den Begriff des Erhabenen zumuten möchte — zu Recht und zu Unrecht. In Wahrheit unterliegen wir einer Art akustischen Täuschung. Das Erhabene, könnte man sagen, ist Verdis Stilmittel unter anderen, genauer: In den besten seiner Opernmusiken ist das Erhabene Teil jenes Gemütlichen, das eigentlich und ursprünglich dessen Derivat war.

Ziehen wir noch einmal idealistische deutsche Philosophie und Theatertheorie zurate, welche Verdi immerhin über Schillers Dramen mittelbar vertraut waren. Wenn das Erhabene in der Ästhetik Jean Pauls eine Tochtergöttin der Schönheit ist, was ja Schillers Idee bildhaft aufgreift, dann wäre Gemütlichkeit in unserem Verstand das Kind aus der Ehe eben dieses Erhabenen mit einem Modernen und Zeitgenössischen, nämlich mit der Romantik ebenso wie mit der partiell kongruenten Bürgerkultur. Und wenn man ferner dies Erhabene mit Kant und Schiller als die sinnlich erscheinende Idee des Unendlichen bestimmt, die das Lächerliche zum Erbfeind hat (wie's bei Jean Paul heißt): Dann könnte man fortspinnen, romantisch-bürgerliche Gemütlichkeit bediene sich gerade dieses tendenziell und in Spuren Lächerlichen, um das Erhabene auf einer historischen Stufe des Verschwindens zu retten, sein Andenken zu wahren.

Immerhin heißt es auch schon bei Schiller: »Das Gefühl des Erhabenen ist ein gemischtes Gefühl. Es ist eine Zusammensetzung aus Wehsein, das sich in seinem höchsten Grad als Schauer äußert, und von Frohsein, das bis zum Entzücken steigen kann und, ob es gleich nicht eigentlich Lust ist, von feinen Seelen doch aller Lust weit vorgezogen wird. Diese Verbindung zweier widersprechender Empfindungen in einem einzigen Gefühl beweist unsere moralische Selbständigkeit auf eine unwiderlegliche Weise. Denn da es absolut unmöglich ist, daß der nämliche Gegenstand in zwei entgegengesetzten Verhältnissen zu uns stehe, so folgt daraus, daß wir selbst in zwei verschiedenen Verhältnissen zu dem Gegenstand stehen, daß folglich zwei entgegengesetzte Naturen in uns vereiniget sein müssen, welche bei Vorstellung desselben auf ganz entgegengesetzte Art interessiert sind.«

Was uns in den höheren Wahrnehmungszonen unseres Ich erfüllt, ist zweigeteilt: So ist das Erhabene strukturiert, in offenbarer Analogie zum Weltenplan. Zweigeteilte Empfindungen bewirkt freilich auch Verdis »Gemütliches« — und sogar weit disparatere. Hier scheint an der Sache selber sich aufzulösen, was bisher eher terminologisches Problem schien. Der zweigeteilte Inhalt des erhabenen Gefühls spaltet sich weiter — ins moderne Gemischte. Das könnte auf eine Begriffsbestimmung des Romantischen hinauslaufen, der italienischen wie der spezifisch deutschen. Das Gemütliche wäre die Ästhetik des Vielen, des in Auflösung Begriffenen. Als Kind des klassischen Erhabenen bezeichnet es etwas Modernes, Fortschrittliches, aber auch Regressives, nämlich weniger Konsistentes. Der Befund deckt sich mit unserem Hörerempfinden. Von hier aus zeigt sich nebenher, wie gedankenlos es ist, Verdi mit dem Etikett des »Naiven« zu bekleben, das ja nun wahrlich das akkurate Gegenteil des Romantischen oder »Sentimentalischen« ist. Naiv ist Verdi allenfalls und allerdings kraft der Raffinesse und Skrupellosigkeit, mit der er das Heterogenste zur falschen Naivität zimmert: zu seiner Oper.

Es ist alles andere als neu, blieb aber häufig sehr unbegründet: Verdis Oper ist romantisch, nämlich gegen-klassisch, nämlich gegen-antikisch — so viele Formen, Stoffe, Materialien sie auch aus Klassik und Antike adaptiert. Ihre Romantik ist das Pathos des Vielen und vielfach Durcheinandergeschüttelten, des im strengen klassischen Verstand: Stillosen. Ihr eigentliches poetisches Pendant hat sie nicht in Schiller und wohl auch keinem italienischen Dichter, sondern im deutschen Freiherrn von Eichendorff. Hier wie dort rekrutiert sich das neue Schöne aus dem buchstäblichen Durcheinander und Übereinander der poetischen respektive musikalischen Schichten, der Stilelemente und mythischen Bilder; aus dem, was Verdi in heutiger Perspektive sogar in die Nähe der Pop-

Kunst rückt, die ihrerseits ja nur als letzter Nachfahr der Romantik ihr sehnsüchtiges Wesen treibt.
Schiller und Verdi: Das war, pedantisch genommen, ein Mißverständnis. An Schiller hat Verdi kaum mehr als oberflächlich teil, dies allerdings tief: in Form von Witterung für groß Theatralisches, tief Bewegendes. Gäbe es nicht das wunderbare Ebenmaß der »Aida«, man möchte heute dazu neigen, Verdis letzten Anlauf zu Schiller, den »Don Carlo« aus dem Jahr 1867, als sein *opus maximum* anzusehen. Vielleicht ist diese lange Zeit lächerlich genug als »Übergangswerk« verstandene Oper Verdis inspirierteste, mit Sicherheit seine formal kühnste, vermutlich die ihm liebste. Ihre Stellung ist zentral. In ihr versammelt Verdi, reicher noch als in »Aida«, sein Bestes: den Erfahrungsschatz von 28 Komponistenjahren einholend, gelang dem 54jährigen über die Imagination von Escorial, Zeitenwende und groß-rührender Menschengeschichte ein neuer Klang, ein Aroma — gerade, als ob die Spannung zwischen historischer Entrückung und Nähe des Menschlichen selber zum musikalischen Stil erblüht wäre. Ganz ist insofern Bizet nicht unrecht zu geben, wenn er anläßlich der Pariser Uraufführung notierte, Verdi sei nun kein Italiener mehr.
Schiller wirkt als Zündfunke, auch als Ferment, als philosophischer Geist in den Kulissen. Die Freundschaft Posas mit der Titelfigur aber ist, mehr als alles andere, bewegende Kraft in diesem geradezu strahlend affektgesättigten Operndrama. Mit ihr setzt die Oper ein, als helldunkles Idyll im Kreuzgang des Klosters San Giusto vor dem Panorama betender Mönche. Zwei Konfliktmotive werden sofort angeschlagen: die fatale Liebe zur Stiefmutter und der von Posa berichtete Hilferuf der Völker Flanderns an den hamletisch aktionsunfähigen Infanten. In emotionell bedrängter und zugleich euphorisch-hochexplosiver Lage stimmen Tenor und Bariton ein Duett an, ihre Freundschaft angesichts der Morgenröte von Freiheit und Menschlichkeit zu vertiefen: »Dio, che nell'alma infondere amor — Gott, der entflammte der Liebe heiße Glut in jeder Brust.«
»Jede Musik hat ihren Himmel«, sagte Verdi einmal. Trotzdem: Seine himmlischste, die himmlischste all seiner Leierkastenmelodien schrieb Verdi mit diesem Zwiegesang. Hier verdichtet Verdi die alte rhythmusgestählte Rhetorik des Risorgimento, Terzenseligkeit und Triolen-Stakkato zur weitgeschwungenen Verdi-Phrase schlechthinniger Hingerissenheit. Es versammeln sich hinter dem edlen Glanz dieser beiden Männerstimmen die Dur-Moll-Jenseitigkeiten der Mönche, und in die schon zum Zerreißen gespannten Affektballungen marschiert stumm und geleitet von massivem Orchester-Fortissimo Philipp ein mit Elisabetta, die Erregung des armen Don Carlos bis zur gesungenen Ekstase zu

schüren. Zuletzt überlagern sich erneut das Valium der Freundschaft und das Librium von Freiheitssucht zum nochmaligen Lodern des Terzengeschmetters.
Der Don Carlos Schillerschen Funkens in Verdis Romantisierung ist so etwas wie Apotheose der Gemütlichkeit und eine Art »Spiritualisierung« zugleich. »Alles ist, wie es sein muß: wahr und schön« — ein weiteres Orakel aus der Dekretenkiste Verdis. Ja, in einem gewissen Umfang ist seiner Oper mit ästhetischer Begrifflichkeit vielleicht wirklich nicht beizukommen. Trotzdem darf vermutet werden, daß Schiller gerade mit dem abgründig gemütlichen operesken Freundschaftsbund des Don Carlos und seines Rodrigo vollkommen einverstanden gewesen wäre.

Puccinis »Händchen« und »Äuglein«
Eine Widerlegung

Mit einer, wie es in seiner eigenen Pressemitteilung heißt, »aufsehenerregenden These« ist dieser Tage der Frankfurter Musikologe Prof. Rösselmann an die Opern-Öffentlichkeit getreten. Im Zuge eines breitangelegten Essays versucht der Gelehrte nachzuweisen, daß die »ins (sic!) Auge springend auffällig zahlreichen Stellen« in Puccinis Opern, die von »Händchen« und »Äuglein« handeln, keineswegs zufällig in die Libretti hineingeraten seien. Sondern der Komponist habe hiermit, so Rösselmann, »wahrlich sein Innerstes geoffenbart«, in der Weise nämlich, daß »die systematische Dechiffrierung dieses eminenten und ganz evident symbolischen Fakts dem Konstrukt eines neuen Puccini-Bildes katexochen gleichkommt.«
Das klingt gut, nicht übel hören sich fürs erste auch die Belege an:
Jedermann kenne, schreibt Rösselmann, die bekannten Stellen in »La Bohème«, »Tosca«, »Madame Butterfly«: »Wie eiskalt ist dies *Händchen*« (alle Hervorhebungen: Rösselmann), singe Rudolf schon im 1. Akt der »Bohème«, sodann schwärme er von einem »Diebespaar, zwei *Äuglein*«. »Reich die *Hand* mir, liebes Kind«, bitte der Dichter gleich drauf Mimi — später jammere er, Mimi reiche ihm »nicht mehr die kleine *Hand*«. Marcel, im nämlichen Duett, sehe ständig »zwei tiefschwarze *Äuglein* (due pupille nere)« vor sich — kurz vor dem Streben besinge Mimi nochmals ihre »eiskalten *Hände*«, die dann auch in einen Muff kommen — auch Rudolf beschwöre noch einmal diese »kalten *Händchen*« aus dem 1. Akt.

In der »Tosca« beschwärme Cavaradossi sogleich deren »*Augen*, die wunderbaren«, sogar der Mesner falle mit einer Anbetung von »ihrer *Augen* Funkeln« drein. »Nicht blind sind meine *Augen*«, verwahre sich sodann Tosca, und im 3. Akt seien wieder die »zarten *Hände* (dolci mani), die kleinen weißen« dran. »Madame Butterfly« setze diese Tendenz, so Rösselmann, »ganz systematisch« fort. »Mädchen, in deinen *Augen* liegt ein Zauber«, so beginne das bekannte Liebesduett — »oh, die tausend hellen *Äuglein*« heiße es später »korrespondativ« (Rösselmann) über die Sterne — »so wie nun jubelt deines *Auges* fremdschöne Sonne«, juble bald darauf Linkerton und wolle »die kleine *Hand*, die ich begehre«. »Mit vollen *Händen* streuen wir Veilchen«, singe Butterfly mit ihrer Dienerin — und schließlich »für deine reinen *Augen*«, nämlich die ihres Kindes, sterbe die Heldin den Selbstmordtod.
Aber auch in den weniger geläufigen Werken des Meisters habe es Fundstellen genug. Schon im »Edgar« singe Tigrana ein »Ha, der *Hand* entsinkt der Dolch!« — Edgar seinerseits kontere mit der Empfehlung: »Lasset das Weinen, es trübt die klaren *Augen!*« In »Fanciulla del West« berichte Minnie eingangs von einer gewissen Nini, die »allen Männern *Augen* macht« — Sonorar ihrerseits unkt von Minnies »scharfen *Augen*« — und Rance wiederum entdeckt »Blut an meiner *Hand*«. »Es kommt«, kommentiert Rösselmann hier anspielungsreich, »nicht von ungefähr, nein, weiß Gott nicht . . .«
Vollends sein letztes Werk, »Turandot«, scheine Puccini »zu einer fast offenen Glorifikation von Händchen und Äuglein geraten zu sein — es ist, als könne der Komponist sein Anliegen sub specie mortis nicht länger verschlüsseln« (Rösselmann). Kaum habe die Oper begonnen, schon küsse Calaf die »heiligen *Hände*« des Vaters Timur, der seinerseits Liu beschwört: »Nimm seine (Calafs) *Hand* in die deine.« Vom Prinz von Persien, der nun zum Schafott geführt wird, heiße es, er habe »trunkene *Augen*«, während gleichzeitig Turandots Mägde mitteilten: »Der Schlummer küßt (!) (Ausrufezeichen Rösselmann) die *Augen*.« Im 3. Akt aber ereigne sich, meint Rösselmann, »der dreifach unglaubliche Höhepunkt der Klimax«: »Noch ehe die Morgenröte erscheint«, singe Liu, »schließe ich müde die *Augen*, um ihn nie wiederzusehen!« Im gleichen Augenblick erdolche sich Liu — »öffne die *Augen*, Täubchen!«, singe der erschütterte Calaf, allein, schreibt Rösselmann, »zu spät«. Und doch komme es nochmals zu einer Steigerung, wenn Calaf »mit glühenden *Händen*« Turandot an sich pressen wolle, die ihrerseits — besiegt — eingestehe: »Es war in deinen *Augen* das Licht des Helden.«
»Damit«, schließt auch Rösselmann ominös, »schließt sich Puccinis Opernschaffen: Mit Händchen und Äuglein — so wie es begann . . .«

Alltag eines Veristen

Und was soll das heißen, es ist unter Künstlern üblich?! Du bist doch auch einer. Würdest du mir das bitte erklären?!
In Paris, in Paris

Und wenn es 10 mal so ist, mußt du es deswegen gleich in einer Oper verewigen? Hat denn etwa Verdi oder Rossini...!
Mama mia, wenn das meine Verehrerinnen wüßten.

So dankenswert Rösselmanns Fleißabeit der akribischen Zusammenstellung der Belege — so obskur nun freilich seine wissenschaftlichen Folgerungen. Es sei ja doch nicht zufällig, argumentiert der Gelehrte, daß bei Verdi, dem großen Puccini-Vorbild, Äuglein und Händchen so gut wie gar nicht vorkommen — und wenn, dann nur in dramaturgisch notwendiger Funktion, wie im »Macbeth«: »O meine blut'gen Hände...« Das habe ja nun offenbar unbedingt was zu bedeuten, spekuliert Rösselmann eine Weile herum — und nach kurzem Anlauf läßt er sich zu der folgenden »Beweiskette« hinreißen: »Die invariante Verehrung scheint's ex nihilo der notabene fast immer femininen Hand und des femininen Auges vor dem Hintergrund des Über-Ichs Verdi, der dergleichen strikt verschmähte, meint nichts anderes als eine traumatische und doppelte Überkompensation. Einerseits wollte sich Puccini eben irgendwie von Verdi abheben, andererseits hatte er selber, wie erinnerlich, häßlich abstehende Ohren und Schweißfüße. So daß wir nicht länger umhin können, der historischen Wahrheit die Ehre zu geben: dahingehend, daß Puccini seine Gebresten über die Reinheitsphantasie schöner großer Frauenaugen und zierlicher Hände versuchte ungeschehen zu machen — und beiden doch kausalnektisch im Zuge fast tragisch progredierender Fetischierung abermals unterlag. Eine Projektions-, Sublimations- und überhaupt Fehlleistung höchsten Ranges!«
Dazu ist folgendes festzustellen:
1. Gar zu penetrant, um nicht zu sagen: schamlos wandelt Rösselmann hier auf den Spuren Sigmund Freuds — ohne dessen Pionierarbeit wenigstens fairerweise zu erwähnen. In seinem Aufsatz »Eine Kindheitserinnerung des Leonardo da Vinci« hatte Freud, indem er ein Motiv des Malers als Phantasiebild der säugenden Mutter rekonstruierte, Verdrängung von Sexualtrieb als Sublimation ins Unbewußte nachgewiesen. Handelt es sich aber bei Freud um seriöse, ja geniale Forscherarbeit, so scheint bei Rösselmann alles darauf hinauszulaufen, daß hier ein Dunkelmann seine faden musikhistorischen Schäfchen ausgerechnet über die heutige Mode-Psychoanalyse ins Trockene bringen möchte.
2. In keiner der einschlägigen Puccini-Biografien ist nämlich auch nur irgend von abstehenden Ohren und gar Schweißfüßen die Rede — im Gegenteil, die Fotografien zeigen sogar besonders schöne, schmuck anliegende Ohren — so daß Rösselmanns Beweisgebäude allein von daher rasch in sich zusammenstürzt.
3. Warum negiert Rösselmann, der schon vor Jahren mit einer sogenannten Analyse über »Das Hohe C als symbolischer Orgasmus« ziemlich unliebsam aufgefallen war, die Puccini-Opern »I Vili«, »La Rondine« und sogar das großartige »Trittico«? Nicht ins Beweisgebäude gepaßt, Herr Rösselmann?

4. Zwar ist richtig, daß bei Verdi Augen und Hände selten erwähnt werden. Aber Rösselmann hätte zumindest einräumen müssen, daß diese Körperteile schon bei Mozart eine immense Rolle spielen: »Reich mir die *Hand*« (alle Hervorhebungen: E. H.), beschwätzt schon Don Giovanni Zerlina und will ihr »süßes *Händchen*« haschen. »Welch finsteres Drama vor meinen *Augen*«, schreckt sich Donna Anna im 1. Bild — »dies Herz, diese *Hand*«, offeriert Don Ottavio und bittet die trauernde Anna später, die »*Augen* aufzuschlagen«, im Original sogar noch schöner: die Wimpern! Il ciglio! »Welche *Augen*, welche Blicke!«, bewundert Susanna im »Figaro« an Cherubino. Marzellina staunt ihrerseits über Susannas »sanfte *Augen*«, sie und Bartolo fordern dann »von des gnädigen Herrn *Händen* Gerechtigkeit«! Und dann (hören Sie zu, Herr Rösselmann, und spielen Sie nicht dauernd drohend mit Ihrer Telefongabel!) geht's bunt durcheinander: »Wer hätt'«, beschwert sich Figaro über Susanna, »auf deine unschuldigen *Augen* nicht geschworen?« Und: »Öffnet eure *Augen*, blinde, betörte Männer!« »Reich mir«, bittet der Graf die vermeintliche Susanna, »dein kleines *Händchen*!« »Hier die *Hand*«, schreit die Gräfin grell auf. »Wie zart ist dieses *Händchen*«, jubiliert linkisch der Graf; auf der anderen Spielhälfte dasselbe: Figaro zur Gräfin, die Susanna ist: »Ich bitte nur um dieses kleine *Händchen*.« »Wie oft es mir in den *Händen* zuckt!«, erbebt Susanna — und schon knattert's eine Ohrfeige. Und dann erst »Cosi fan tutte« — wenn überhaupt, Herr Rösselmann, dann wäre hier die Verklärung von Äuglein und Händchen zu suchen! »Gib mir seine *Hand*«, sagt Fiordigili schon im 2. Bild zu Dorabella; die »lieblichen *Augen*« ihrer Freundinnen besingen dann Ferrando und Guglielmo, gleich darauf die »schönen *Augen*« Despinettas, dann wieder die »strahlenden *Augen*« der Schwestern, dann wieder ihre »lieblichen *Äuglein*« (occhietti vezzosi), dann wieder die »frohen *Äuglein*« (luci liete), dann preisen sie sogar die eigenen »schönen *Augen*« — gleichzeitig aber »die *Hand*, die ich verehre«. Guglielmo gibt zu, »ein gefährliches Gift aus ihren *Augen*« getrunken zu haben; Despina empfiehlt, »mit den *Augen* zu reden« (colle pupille parlar) — und schon merkt Ferrando, daß deshalb Fiordiligis »*Auge* freundlicher auf mich blicket« — ein Tohuwabohu, das Dorabella gekonnt so zusammenfaßt: »Amor schlüpft durch die *Augen*!« Und hätte Rösselmann nicht allerwenigstens auffallen müssen, daß auch die »Don Giovanni«-Tragödie mit Händen und Würgen endet? »Gib mir deine *Hand*, Ruchloser!« befiehlt der Steinerne Gast — und schon geht es ab in jene Finsternis, in der leiderleider auch Rösselmanns »Analyse« daheim ist!
5. hat, unabhängig davon, Puccini selbst in einem berühmten Brief gesagt, er sei der »Meister der kleinen Dinge«. Hier hätten Sie ansetzen

müssen, »Musikologe« Rösselmann! Denn was, Verehrtester, ist denn kleiner, unbedeutender als Äuglein und Händchen? Das Bescheuertste vom Bescheuerten! Mal ehrlich, Meister!

6. Im 1. Akt von »Bohème« heißt es nicht »Reich die Hand mir«, sondern »Reich den Arm mir, liebes Kind«. Schlampig recherchiert? Getürkt auch noch? Rösselmann?

7. Und wenn schon Puccini-Körperforschung, dann hätte Rösselmann gut daran getan, ganz woanders einzusteigen. Denn neben Millöcker, der bekanntlich der Polin Reiz im »Bettelstudenten« von Kopf bis Fuß sezierte, war Puccini der erste, der sich in viel gewagtere, ja unerforschte Zonen voranbewegt hat. Schon im »Edgar« nämlich bis zu den Knien (ginocchi): »Habt Mitleid mit euren zarten Knien«, ruft der Titelheld Tigrana zu — und in »Turandot« werden, erstmals in der Operngeschichte, von dem couragierten Minister Ping sogar Busen und Beine (gambe) der Frau insgesamt und also hinauf bis in die rasantesten Gefilde gewürdigt! Das, »Professor« Rösselmann, wäre ein Forschungsobjekt gewesen, das uns einigermaßen gejuckt hätte!

8. Und wenn schon Händchen und Äuglein, dann hätte Rösselmann wenigstens erwähnen sollen, was Eckhard Henscheid in seinem bedeutenden Roman »Die Vollidioten« über die »Bohème«-Textstellen »Che gelida manina« und »due ladri occhi belli« ausführt: Es sei zum Hinlegen und (sic!) »Mit-den-Beinen-Strampeln vor Vergnügen«! Das einzig Kompetente, was zu Puccini heute noch zu sagen ist!

9. Was aber soll das, Rösselmann, Ihrer Pressemappe zwar kein Foto von Puccini (und seinen angeblich abstehenden Ohren) beizulegen, wohl aber drei Paßfotos von sich! Und Ihren übrigens auch nicht gerade betörenden Rumhorch-Löffeln!? Warum nicht gleich auch Ihre Kontonummer auf die Fotos gestempelt?!

10. Seinen letzten Kredit aber verspielt Rösselmann mit der Behauptung, in Puccinis »Manon Lescaut« seien »Prinzip Händchen und Prinzip Äuglein schlechthin programmatisch in den Operntitel eingegangen«. »Manon« sei ja nun eindeutig eine Anspielung auf Händchen (mano), »Lescaut« aber sei die »Chiffrierung eines alten, sehr sehr alten indogermanischen Stammworts für das Auge«. Hand aufs Auge, Herr Rössel-Mano (der Sie wohl nur versehentlich an der Behauptung vorbeigegangen sind, »Rössel« sei die Esperanto-Fassung für »Auge«): Ist das Ganze nicht eine wissenschaftliche Unverschämtheit, ja (abermals sic!) Schweinerei ersten Rüssel-Ranges!!

Fazit: Ein Thema wurde verplempert. Durch ein sinistres Machwerk, von einem gewissenlosen Faulpelz zusammengestopselt mit dem alleinigen Ziel, die ärmsten Geister des Landes zu narren, mit novitätssüchtigen Psycho-Klatsch-Histörchen noch mehr zu verwirren, gleichzeitig das

wissenschaftliche Mäntelchen in der Brise der hinterletzten Mode zu hissen – und damit möglichst schnell ins Fernsehen zu kommen! Bleibt uns, den wahren und um eine Enttäuschung reicheren Puccini-Enthusiasten, nur der scharfe Appell: *So* nicht, »Herr« Rösselmann! Ja, Sie können jetzt ruhig Ihren Rechtsanwalt anrufen! Sie werden vor Gericht ein Fiasko erleben, daß Ihnen die Augen übergehen und *eo ipso* der trübe Saft auf Ihre schmutzigen Kanaillen-Hände tropft!
Waschen Sie beide in Puccinis kristallklarer Tiefsee, bevor alles zu spät ist!

Sphinx Kaskade

. . . wobei er sich unterwegs an den bizarren Eigenheiten
dieser absteigenden Tonfolge zu berauschen schien.
Proust, Die Welt der Guermantes

Bei Mozart »bedeutet« die nach unten perlende, plätschernde, hüpfende Tonleiter fast immer Lachen. Musterbeispiel ist Leporellos Registerarie, in der sich die Stakkato-Achtel zum Text »In Italia sei cento e quaranta« fast schadenfroh eins abkichern:

Lachen, ebenso triviales wie »transzendierendes«, meinen gleichfalls die Achtel-Läufe im Sextett des 2. Akts, »Mille torbidi pensieri«:

Und noch die 16tel angesichts der »Statua gentilissima« der Friedhofsszene belachen die Gravität der Situation:

Die Achtel-Kaskade der »Figaro«-Ouvertüre (»Sprossen einer luftgewebten Leiter« nennt sie Mörike) lacht vorab ebenso über den »tollen Tag«

— wie es die schelmischen Streicher-16tel vor dem ersten Duett »Cinque, dieci« tun:

Für Lachen, nämlich Ironie, steht im 4. Akt das Geplätscher von Fagott und Oboe in der Rosenarie ein:

Und, gleichfalls den Effekt durch Terzen doppelnd, greift die meist gestrichene Arie Nr. 25 des Bartolo die Grundfigur der Ouvertüre auf:

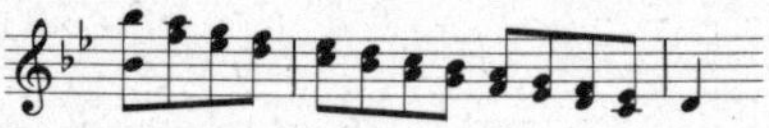

Sie ist eine Grundfigur vieler Mozart-Ouvertüren. Etwa der zu »Der Schauspieldirektor« und zu »Titus«:

Die Perpetuum-mobile-Kreisel der »Cosi fan tutte«-Ouvertüre leben zur Hälfte gleichfalls von den abwärts rollenden Achteln:

Guglielmos grandiose Arie »Rivolgete a lui lo sguardo« zitiert die Achtel-Terzen-Kette als Ausdruck »größten Jubels«, nämlich Übermuts — nachdem »die Mädchen zornig abgegangen sind«:

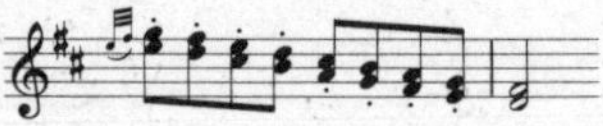

Freude, Euphorie, Leichtsinn signalisiert die Tonleiter Pedrillos in der »Entführung«:

In der »Zauberflöte« kichert es in Achteln zur Textstelle »Silberglöckchen, Zauberflöten«, gleichsam, um die Schwere der Prüfung a priori zu mäßigen:

Kichern bedeutet die abwärtspurzelnde Tonkette oft in der »Tradition« der Buffa Mozarts, z. B. in Nicolais »Lustigen Weibern von Windsor«. Finale 1. Akt:

Und ganz veritabel in Adeles Liedchen in der »Fledermaus«:

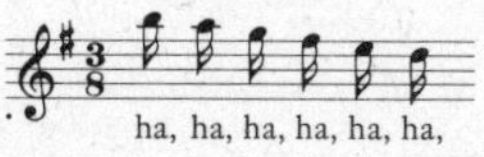

Noch im Verschwörer-Lachen von Verdis »Maskenball« ist die Grundfigur die nämliche:

Nämlich mimetische. Bei Mozart etabliert sich die Tonkaskade, ursprünglich Nachbildung eines physiologischen Vorgangs, fast zum Topos für Lachen. Nicht nur in den Opern – auch in den Sinfonien (z. B. als Echo-Verlängerung des Hauptthemas im 1. Satz der Jupiter-Sinfonie), sogar in den Messen: etwa im Kyrie der Orgelsolo-Messe oder mehrfach im Gloria der Krönungsmesse. Übrigens nicht nur bei Mozart: In Haydns Nelson-Messe kichert es noch »tonmalerischer«.
Allein, die Tonkaskade bedeutet bei Mozart auch anderes als Kichern, Lachen, Lächeln. Im Terzett des 2. »Don-Giovanni«-Akts meint sie zum einen zwar wieder graziösen Spott –

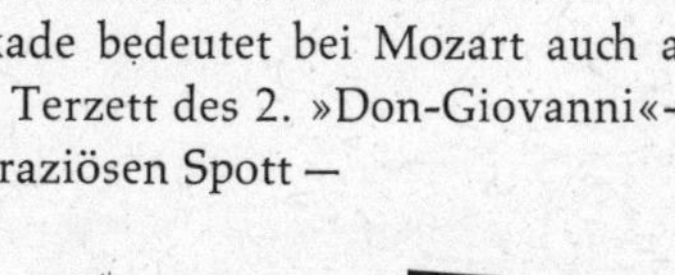

in Elviras Versionen aber – eben deshalb – mindestens auch Wehmut, Sehnsucht; Innigkeit, witz- und eleganzgeschützt:

— ja Tragikomik, fast Tragik. Und bei Donna Anna? Da bieten sich schnell (siehe den Aufsatz über Mozarts Frauen) die unterschiedlichsten Exegesen an:

Wenn Guglielmo und Ferrando den falschen Ehekontrakt entdecken (»Giusto ciel!«), dann hagelt es zwei Tonleitern als Donnerwetter; als gemimtes und gleichzeitig »ernstes«:

Ingrimm, existentielle Erregung meint die Kaskade vor der großen Arie des Grafen im »Figaro«:

— und wilde, verzweifelte Exaltiertheit die der Elektra (»D'Oreste, d'Ajace«) in »Idomeneo«:

Ihre wuchtigere späte Namenskollegin bei Richard Strauss kommt in gewisser Weise auf die Figur zurück; zur Textstelle übrigens: »Und in einem Schwall . . . wird ihres Lebens Leben aus ihnen stürzen!«

Elektra bezieht sich fast plagiativ auch auf die ihr gemütsverwandte Kundry im »Parsifal«. Auch deren Kaskade bedeutet entschieden Furienhaftigkeit, Dämonie:

Bei Wagner freilich changiert die Semantik der abwärtsstürzenden oder -schreitenden Töne stark. Meint die Figur der Elisabeth im »Tannhäuser« die schiere Freude

— so hat die Degression der Töne allein in der »Götterdämmerung« drei exakte und unterschiedliche Bedeutungen; sie ist »Speer- und Vertragsmotiv«:

»Motiv der Götterdämmerung«:

Und im »Siegfried« gar noch »Schleichmotiv«:

Semantisch nahe bei Mozart liegt die Kaskade der Marzelline in »Fidelio«. Sie redet von Erleichterung, Verscheuchen der Sorgen und fast Euphorie:

Ganz ähnlich wie seltsamerweise in der »Aida«, wenn Radames — »Tu, in questa tomba!« — die Geliebte sieht:

Euphorie, schattenlose Seligkeit eröffnet die Kaskade vor dem schönen »Euryanthe«-Duett »Nimm hin die Seele mein«: ein Gebirgsbach, ein Platzregen!

Eher als einen »Entschluß« zu Licht und Klarheit könnte man die sehr ähnliche Figur der »Freischütz«-Ouvertüre verstehen:

Wohingegen (oder unterliegen wir bereits vollkommen den »synästhetischen« Vexationen zwischen Wort und Musik?) der Tonsturz in Max' Arie eben Verzweiflung, Folter und Spott schildert:

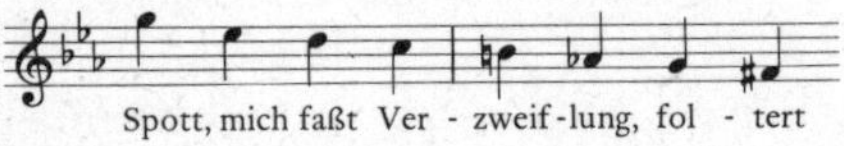

Womit die Kaskade nochmals auf jene Furien zurückkäme, die schon Gluck in »Orpheus und Eurydike« aufbrausen ließ:

Relativ einheitlich zeigt sich die Bedeutung bei Verdi. Gildas Ton-Treppe im »Rigoletto« bringt tänzerisch-träumerische, fast somnambulische Seligkeit zum Ausdruck –

– deren Abwandlung in eher sanftmütiges Seufzen, in Resignation zeigen die Motive der Elisabetta im »Don Carlos«:

Nochmals erscheint Elisabettas Motiv im todahnenden Seufzer der Desdemona des »Otello«:

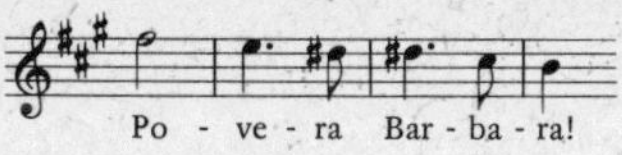

Der freilich auf Giordanis berühmtes »Caro mio ben« ebenso zurückweisen könnte wie auf Händels »Ombra mai fu« aus dem »Xerxes«:

Zwei großartige Tonkaskaden hat es bei Puccini. Die mit den berühmten leeren Quinten aus »Bohème«

meint quasi-symbolisch Schneefall, Starre, Kälte, — aber auch eine gewisse Heimeligkeit. Noch ambivalenter das deshalb noch genialere Pendant im 3. »Tosca«-Akt: das über dem Gesang des Hirtenknaben nach unten plätschernde, fast tändelnde Triolenmotiv der Holzbläser in parallelen Akkorden — Puccini-Biograf Wolfgang Marggraf empfindet es als »kraftlos« und »trostlos« — ohne weiteres kann man es auch für spöttisch, elegisch, paradox heiter, lässig halten: fürs Versöhnliche im mörderischen Leben. So oder so gehört die Musik, inklusive der Freiheitsfanfare und dem Hirtenlied, zu den zwanzig dichtesten, schönsten der Opernliteratur:

Der Elisabettas und Desdemonas verwandt zeigt sich die Melancholie in der schmelzenden Figur der Tatjana im »Eugen Onegin«:

Sie gemahnt freilich auch an die populäre Arie aus »Samson und Dalila«

— dort meint die Abwärtswindung aber fast das Gegenteil, nämlich, ähnlich wie in den chromatischen Stürzen der »Tannhäuser«-Ouvertüre, schwüle Exotik, Laszivität —, indes das analoge Motiv in »Carmen«

ganz schlicht das schöne Flatterleben meint. Wohingegen wiederum der »höllische Galopp« in Offenbachs »Orpheus in der Unterwelt«, noch einmal Mozart reklamierend, die fröhliche Cancan-Vanitas und Vergnügungswut von Belle Epoque und Fin de Siècle verklärt — buchstäblich: Décadence.

Sphinx Kaskade! Nimmt man hinzu, daß sie bei Chopin (im 24. Prelude) z. B. Tragik oder (in der 12. Etüde) Revolution meint — bei Liszt aber immer wieder Zärtlichkeit; bei Mahler (am Schluß des 1. Satzes der 2. Sinfonie) Scheitern, Zusammenbruch — bei Brahms hingegen (im 1. Satz des 2. Klavierkonzerts) etwas unfehlbar elektrisierend Erotisches —: dann wird das semantische Desaster um die ominöse Kaskade vollends einklagbar.

Was tun? Mit Hamlet seufzen, daß es mehr Dinge »zwischen Himmel und Erde«(!) gebe, als unsere Schulweisheit sich träumt? Mit Nietzsche eingestehen: »Mit Tönen kann man die Menschen zu jedem Irrtume und jeder Wahrheit verführen: wer vermöchte einen Ton zu widerlegen?«

Nichts von alledem. Es gibt ein Drittes — und Integratives: Die Kaskade rechtzeitig arrondieren — und in einem gepflegten Etablissement weiter über sie sinnieren oder, je nachdem, sie vergessen. Wie's gemacht wird, lehrt uns kein Vergessenerer als der maßvollste aller Kaskadeure, Graf Danilo in der »Lustigen Witwe« — o lala:

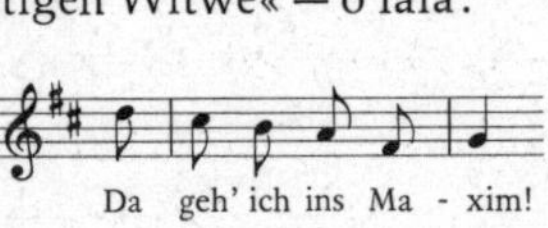

Eine kleine Opern-Geographie

Von unserem Gastautor
Herbert Rosendorfer

Eine entscheidende Komponente der Kunstgattung Oper (und wohl auch ein Grund für ihre Faszination) ist die *Entrückung*. Wenn man in Trient den Dom besucht, so erfährt man, daß in der Apsis hinter dem Hochaltar das Konzil von Trient und damit der 2. Akt von Pfitzners »Palestrina« stattgefunden hat. Als ich das zum ersten Mal sah, war ich erschüttert. Im 2. Akt von »Palestrina« ist die ganze Bühne gerammelt voll von Sängern, Chor und Statisten, es gibt riesige Aufregungen, Lärm und Hin- und Herrennen. In der vergleichsweise bescheidenen Apsis hätten alle die Leute kaum Platz zum Luftholen, geschweige denn zum Hin- und Herrennen. Der Schauplatz, obwohl im Sinne eines strengen Realismus festgelegt, ist in eine höhere Dimension entrückt.

Man darf es sich damit aber auch nicht zu leicht machen. Entrückung erklärt nicht alles. Z. B. im 3. Akt »Tosca«: Die Titelheldin entrinnt ihrer drohenden Verhaftung durch den Sprung von der Plattform der Engelsburg. Ich habe die Engelsburg besucht, habe auch die Plattform erstiegen und sogleich daran gedacht: Hier stand Mitte Juni 1800 Mario Cavaradossi (es muß der 14., 15. oder 16. Juni gewesen sein, denn im 2. Akt wird dem Baron Scarpia die frische Nachricht von einem Sieg Napoleons überbracht, was sich nur auf die Schlacht bei Marengo beziehen kann) — und ich summte verhalten mit Rücksicht auf die anderen Besucher »E lucevan le stelle«, konnte aber dabei trotz aller Ergriffenheit nicht übersehen, daß man von der Engelsburg unter keinen Umständen (es sei denn, man ist ein Känguruh) hinunterspringen kann. Es geht von den Zinnen nicht steil hinab, sondern in Absätzen, die mit Mauern bewehrt sind. Die Absätze selber sind nicht hoch. Aber das Problem läßt sich ohne Entrückung lösen; es ist selten, daß man die Engelsburg ohne Gerüst antrifft. Von einem Gerüst aus geht's. Nur muß natürlich ein Bühnenbildner darauf Rücksicht nehmen.

Welchen Grad geographischer Entrückung Opern durchmachen, ist dann ersichtlich, wenn man bedenkt, daß so unterschiedliche Werke wie »Figaros Hochzeit«, »Don Giovanni«, »Der Barbier von Sevilla«, »Fidelio« und »Carmen« praktisch in ein- und derselben Umgebung spielen. »Carmen« handelt in der Zeit um 1820. Die Schenke des Lillas Pastia war, wenn man dem glauben darf, was man auf der Bühne immer sieht, sicherlich nicht neueröffnet. Es wäre also durchaus denkbar, daß auch Figaro, vielleicht sogar Masetto dort eingekehrt ist. Vielleicht hat sich Rocco noch bei Figaro die Haare schneiden lassen, und Florestan und

Warum Gustav Mahler keine Oper komponiert hat

Ich weiß net, Gustav, eine Zahnradbahn is schließlich net der Suezkanal und DER FRISEUR AUS KÖLN
das ist doch ein ganz durchsichtiger Schmäh, ein spekulativer
Und dann Wuppertal!! Wo liegt das eigentlich? In Hinterpommern?!? Laß die Finger davon Gustav.
Alles klar, Alma, ich schreibe ab.

Leonore haben zu ihrer Silberhochzeit womöglich Escamillos Abschiedsvorstellung besucht. Daß auch der »Corregidor« von Hugo Wolf, de Fallas »La vida breve«, Ravels »L'heure espagnole« und Verdis »Don Carlos« von einem sparsamen Intendanten neben den schon genannten Opern in einer etwas neutralen Spanien-Allzweck-Dekoration gespielt werden könnten, sei nur nebenbei bemerkt.
Das heißt: Das ist eigentlich gar kein nebensächlicher Gesichtspunkt. Wieviel Subventionen für Opernhäuser könnten eingespart werden, wenn die Intendanten Opern zyklisch nach geographischen Gesichtspunkten inszenieren ließen. Gut, man kann nicht für »Norma« von Bellini und »Louise« von Charpentier dieselbe Dekoration verwenden, denn Paris hat in gallischen Zeiten anders ausgesehen als um 1900, aber eine gewisse Grundsubstanz könnte geschaffen werden, die dann mit kleinen Zutaten für »André Chénier« verwendet werden könnte, für »Cardillac«, »Manon«, »Bohème«, »Der Mantel«, »Hugenotten«, für die »Traviata« und sogar für das »Capriccio«, gar nicht zu reden von zahllosen Stücken Offenbachs.
Darauf könnte eine ägyptische Saison folgen: »Julius Cäsar«, »Joseph in Ägypten«, »Djamileh«, »Die ägyptische Helena« und »Aida«. Man sieht, wie breit die rein musikalische Auffächerung wird. — In Rom spielt dann nicht nur die »Tosca«, auch »Don Pasquale«, Mozarts »Titus«, »Die Vestalin« von Spontini, zwei Akte »Palestrina« und der »Rienzi«. Wenn das für eine Saison nicht ausreicht, kann man dann noch den mittel- und oberitalienischen Raum dazunehmen: »Rigoletto« in Mantua, »Gianni Schicchi« und Schillings »Mona Lisa« in Florenz, »Simone Boccanegra« in Genua, die diversen »Romeo und Julia«-Stücke von Gounod bis Prokofjeff, die alle in Verona spielen; dann Süditalien mit »Bajazzo« und »Cavalleria rusticana«, »Robert der Teufel« und »Sizilianische Vesper« (beide in Palermo), »Fra Diavolo« in Terracina, »Die Stumme von Portici«, »Cosi fan tutte« und der »Schmuck der Madonna« von Wolf-Ferrari in Neapel. Venedig allerdings füllt allein gut und gern eine ganze Saison mit »Hoffmanns Erzählungen«, »Violanta« von Korngold, drei Opern von Wolf-Ferrari, zwei von Malipiero. Während München (»Feuersnot«), Nürnberg (»Meistersinger«), Worms (»Der Waffenschmied«), Wetzlar (»Werther« von Massenet), Münster (»Der Prophet« von Meyerbeer), Konstanz (»Madonna Imperia« von Alfano und »Die Jüdin« von Halévy) und Gerolstein in der Eifel (»Die Großherzogin von Gerolstein«) eher spärlich mit Opern bestückt sind, Wien im Grunde nur von Richard Strauss allein bespielt wurde (»Rosenkavalier«, »Ariadne«, »Intermezzo« und »Arabella«), hat London und Umgebung eine ganze Fülle von Opern: »Roberto Devereux« und »Anna Bolena« von Donizetti, »Elisabetta« von Rossini, »Sly« von Wolf-Fer-

rari, »Die schweigsame Frau«; sowie »Martha«, die »Lustigen Weiber von Windsor« und »Falstaff« in der näheren Umgebung. Nicht weit entfernt sind dazu die schottischen Opern »Macbeth«, »Die weiße Dame« und »Lucia di Lammermoor«.

Wir können den Weltatlas der Oper hier nur rasch durchblättern, die Niederlande (»Zar und Zimmermann«, »Die tote Stadt« und »Lohengrin«), Portugal (»Die Afrikanerin«), Tirol (»Die Regimentstochter«). Darauf hingewiesen sollte aber werden, daß sowohl »Der Freischütz« (»in den böhmischen Wäldern«) als auch »Hans Heiling« von Marschner, »Die verkaufte Braut«, »Dalibor« und zur Not auch »Jenufa« nur einer einzigen Dekoration bedürften.

Unzählige Opern gibt es, die in Griechenland spielen, von Monteverdis »Orfeo« bis zur »Liebe der Danae«. Selbstverständlich hat auch Osteuropa seine Opern: »Eugen Onegin« und »Pique Dame« in Petersburg, in Moskau Teile des »Boris« und »Ein Leben für den Zaren« von Glinka, die beide auch je einen polnischen Akt enthalten. Zur Gänze in Polen spielt »Halka« von Moniuszko, im Kaukasus Anton Rubinsteins Oper »Der Dämon« — und in einem fahrenden Zug der transsibirischen Eisenbahn »Thomaskaja« von Rodinon Schtschedrin.

An außereuropäischen Opern wäre für den Vorderen Orient einiges vorhanden: »Der Barbier von Bagdad« und »Oberon« in Bagdad, »Armida« von Gluck in Damaskus, »Otello« in Cypern, »Samson und Dalila« in Gaza. Wenn es stimmt, daß das Paradies in Mesopotamien war, gehört auch Rudi Stephans Oper »Die ersten Menschen« hierher. »Lakmé« und »Wenn ich König wäre« spielen in Indien — und im fernen Osten »Butterfly« und »Turandot«. Amerika kommt mit »Maximilian von Mexico« von Milhaud, dem »Mädchen aus dem goldenen Westen« und »Maskenball« zum Zug, wobei die letztere Oper aber, wie man weiß, eigentlich in Stockholm spielt, womit sie in die Nähe des »Fliegenden Holländer« rückt.

Australien hat, soweit ich es überblicken kann, keine Oper aufzuweisen. Ein Kapitel für sich ist die Schweiz. »Wilhelm Tell« und Henzes »Elegie für junge Liebende« spielen dort, Donizettis »Linda de Chamonix«. Worauf aber im Zusammenhang mit der Schweiz noch niemand geachtet hat, das ist die Regieanmerkung vor der 2. Szene in Wagners »Rheingold«: »Der hervorbrechende Tag beleuchtet mit wachsendem Glanze eine Burg mit blinkenden Zinnen, die auf einem Felsgipfel im Hintergrunde steht; zwischen diesem und dem Vordergrunde ist ein tiefes Thal, durch das der Rhein fließt, anzunehmen.« Bei genauerem Hinsehen kann sich das nur auf die Schweiz beziehen: Nur dort fließt der Rhein durch tiefe Felstäler. »Der Ring des Nibelungen« spielte also in der Schweiz, Hundings Hütte stand am San Bernardino, anders wäre ja »Winterstürme wichen dem Wonnemond« nicht denkbar: Da geht die Tür auf, und Siegmund und Sieglinde blicken hinunter ins Tessin, wo die Magnolien blühen.

»Questa poi la conosco pur troppo«

Zitate, Selbstzitate, Plagiate

Alles ist freundlich wohwollend verbunden,
Bietet sich tröstend und trauernd die Hand,
Sind durch die Nächte die Lichter gewunden,
Alles ist ewig im Innern verwandt.
Brentano

Zitate sind schon gut. Es steht eine geistige Gemeinschaft dahinter. Das klassische Zitat ist das Losungswort der Gebildeten in aller Welt.
Boswell, Life of Samuel Johnson

Die Tafelmusik im Casinetto Don Giovanni ist erlesen und auf der Höhe der Zeit. Und der seinen Herrn bedienende Leporello zeigt sich bei dem kleinen Opern-Potpourri ungefähr so wohlinformiert wie ein heutiger Wunschkonzert-Hörer es durchschnittlich ist. Die Oper »Una cosa rara« erkennt er sofort; beim nächsten, etwas großväterlichen Dreiviertel-Tanz sinniert Leporello (allerdings nur in Levis deutscher Übersetzung), wie die alte Oper wohl heißen mag – im Original bricht er sogar sofort ein Hoch auf »I littiganti« aus. Schließlich »Non più andrai – nun vergiß leises Fleh'n« – diese Arie kennt Leporello bei da Pontes nur zu gut: »Questa poi la conosco pur troppo«; die Übersetzung gibt sich etwas verschmitzter: »Die Musik kommt mir äußerst bekannt vor.« Und Don Giovanni und sein Servo lassen sich's in diesem Sinn gutgehen, bis Donna Elviras Auftritt das munter-lauschige Tafelkonfekt jäh beendet.

Die berühmte Szene aus Mozarts Oper führt Technik und Theorie des musikalischen Zitats und Selbstzitats modellhaft vor. Das erste Fremdzitat ist das Finale »O quanto un si bel giubilo« aus der Oper »Una cosa rara«, Dramma giocoso per Musica von Vicenzo Martini, uraufgeführt in Wien 1786, ein halbes Jahr nach Mozarts »Figaro«. Protegiert von Kaiser Josef II. stellte der tüchtige Spanier, was den Erfolg angeht, zeitweise sogar Mozart in den Schatten. In den Memoiren seines (wie Mozarts) Textdichters Lorenzo da Ponte, der Martini »dolcissime melo-

die« nachrühmt, kann man es nachlesen: Die Damen, heißt es da, wollten nur noch »Una cosa rara« hören und kleideten sich sogar nach Art dieser Oper.
Das zweite Zitat ist »Come un agnello« aus Sartis »Fra i due litiganti« (1782) — auch dies eine Favoritenoper der Wiener, auch Sarti ein Konkurrent Mozarts vor dem Hintergrund der damaligen Opern-Intrigen und Cliquen-Wirtschaften.
Das dritte Zitat, ein Selbstzitat, ist in seiner schillernden Valenz das interessanteste. Zuerst einmal erweist Mozart mit »Non più andrai« dem Prager Premieren-Publikum des »Don Giovanni« seine Reverenz; den Pragern, die ein Jahr zuvor den »Figaro« im Gegensatz zu den Wienern nicht nur mit halbherzig-flinkem Jubel aufgenommen hatten, sondern mit wahrer Versessenheit, die Mozart Gewähr sein konnte, tiefere Bereiche von Empfänglichkeit berührt zu haben; an welchem Echo der Einsamkeit seines Genies durchaus gelegen sein mußte, und war. Daß die Prager vom »Figaro« wie verzaubert, verhext waren, versichern Augenzeugen wie der Mozart-Biograf Franz Niemetschek: »Figaros Hochzeit wurde gleich bei der ersten Vorstellung mit einem Beifall aufgenommen, der nur demjenigen, den die ›Zauberflöte‹ nachher erhielt, verglichen werden kann. Der Enthusiasmus, den die Oper beim Publikum erregte, war bisher ohne Beispiel. Man konnte sich nicht genug dran hören. Figaros Gesänge widerhallten auf den Gassen, in Gärten, ja selbst der Harfenist bei der Bierbank mußte sein ›Non più andrai‹ tönen lassen, wenn er gehört werden wollte.«
Für welche Anhänglichkeit Mozart im »Don Giovanni« sich gleich mehrfach bedankt hat: gerührt, witzig — und rührend. Witzig, kompositions-immantent witzig, insofern, als er das Orchester auf der Bühne ziemlich exakt die Teile a-b-a der Figaro-Arie zitieren läßt; wobei sich der Don und Leporello alternierend die Figaro-Stimme teilen und den ursprünglich ironischen Inhalt auf etwas ganz Banales: das Essen projizieren. Dann zielt der Witz auch ein bißchen ins Satirische, auf die offenbar zeitlose Ohrwurm-Anfälligkeit eines offenbar doch zeitlosen Opernpublikums. Das Rührende speist sich gleichfalls aus mehreren Quellen: Nicht nur, daß dem Komponisten die beglückende Erfahrung zuteil wurde, sich geliebt zu sehen — Mozart war von seinem »Figaro« auch selber wie verzaubert gewesen; was der Wiener Uraufführungs-Protagonist des Basilio und Don Curzio, der irische Sänger Michael O'Kelly, in seinen »Lebenserinnerungen« von 1826 festgehalten hat. Und, merkwürdig: abermals geht es um die Figaro-Arie:
»Benucci sang Figaros Arie ›Non più andrai‹ mit der größten Lebendigkeit und der ganzen Kraft seiner Stimme. Ich stand dicht neben Mozart, der sotto voce mehrmals rief: ›Bravo, bravo, Benucci!‹ Und als die

schöne Stelle kam: ›Cherubino, alla vittoria!‹ waren alle wie elektrisiert. Ganz außer sich vor Entzücken riefen alle: ›Bravo, bravo, Maestro! Viva, viva il grande Mozart!«

Das Entzücken, der Geburt einer der erhabensten Geistesleistungen der Humanitas beizuwohnen, von ihm redet einmal Mörikes Mozart-Novelle. Es muß den Komponisten selber erfaßt haben. Nochmals O'Kelly: »Alle ersten Darsteller hatten den Vorteil, durch den Komponisten selbst unterwiesen zu werden, der seine Ansichten und seine Begeisterung auf sie übertrug. Nie werde ich sein kleines, begeistertes Antlitz vergessen, wie es leuchtete, vom Genius ergriffen.«

Posthume Mystifizierung hin und her: Mozart, gewiß kein romantisches, kunstreligiöses Gemüt, empfand (so wenig wir über ihn wissen — dies dürfen wir unterstellen) »romantisch« genug, die erinnerte Erregung in der nächsten Oper noch einmal wie ein sanftes Wetterleuchten nachzittern zu lassen. Eine künstlerisch erhebliche Entscheidung: Indem »Non più andrai« aus dem Kontext des »Figaro« herausgelöst wird, um ins andere und (was Mozart wohl wußte) womöglich noch gewaltigere Kunstprodukt überzusiedeln, gewinnt die Musik nicht nur klassische, quasi überzeitliche, eben zitable Qualität — das Zitat zitiert gleichzeitig Kontinuität. Und nicht nur die sehr enge und dichte von »Figaro« und »Don Giovanni«, die ja fast auf Identität hinausläuft (so daß z. B. jener Regisseur recht hatte, der den zephirbeschwipsten vor-juanesken Cherubin flott und anachronistisch die Champagner-Arie trällern ließ): Am Ende deutet das Zitat sogar noch auf so etwas wie die Durchlässigkeit aller obersten Kunst, der es letztlich gleichgültig sein kann, ob »Non più andrai« von Figaro oder Leporello gesungen wird. In dieser Zone von Klassizität, der sich Mozart auf seine reflexionsferne Art ebenso bewußt war wie Goethe auf seine fast ängstliche, ist alles tendenziell identisch, gleich-gültig — alles ist erlaubt. Das Durcheinanderpurzeln von Zeiten, Lokalitäten und Sprachschichten, Faust II steht dafür exemplarisch, meint tiefsinnigen Halbscherz, Spiel, Gleichnis; etwas Göttlichkeitsnahes.

Die vorangegangenen Fremdzitate aus zeitgenössischen Opern: auch ihnen liegt diese (Mozart vermutlich unbewußte) Kunstidee zugrunde. Auch sie sind zunächst satirische Anspielung auf den Wiener Opernkult, sie sind in zweiter Instanz Mozarts Reverenz vor den Leistungen der Kollegen, die er respektierte — Sarti charakterisierte er als »guten, ehrlichen Mann«. Und ihre Aufnahme ins Don Giovanni-Firmament meint deshalb und drittens gleichfalls jene Idee der Verschmelzung alles Schönen unterm virtuellen Vergessen seiner individuellen Urheber. Daß Mozart die Reihenfolge Martini, Sarti, Mozart wählt, läßt mit schönem Spott keinen Zweifel an der Rangordnung: Mozart sah sich als »superieures Talent«! Am Rande der via Zitat und Selbstzitat beschworenen »Unio mystica« funkelt eine letzte Ironie, eine (wie Friedrich Blume erinnert) Ironie »noch im Augenblick höchster dramatischer Zuspitzung«! Ironie als kühlender Schatten des entfalteten hitzigen Schönen — ist sie nicht Mozarts wahre »Botschaft«?

Noch einmal, 94 Jahre später, leistet Leporello Pionierarbeit in Sachen Zitat: Im Vorspiel von »Hoffmanns Erzählungen«, beim »romantischen« Saufgelage in Lutters Weinkeller. Man wartet auf Stella, Hoffmanns Liebchen, die (eine Reminiszenz an E. T. A. Hoffmanns Novelle) nebenan im Theater die Donna Anna singt. Sie, Stella, mache, so weiß der Student Nathanael, »uns Mozarts Werk erst klar«. Toast auf Stella, auftritt der Poet Hoffmann, verlangt Becher und Pfeife — allgemeine Unruhe. »Notte e giorno fatigar — kein Ruh' bei Tag und Nacht«, ergehen sich der Studiker Niklas und das Orchester in einer kleinen mozartischen Anspielung — Hoffmann, den Kopf schwerromantisch in die Hände gestützt, bequemt sich, die allgemeine Dusterkeit seiner verworrenen Seele abzuschütteln, zum Liedchen von Klein-Zack.

Wieder ist das Zitat mehr als ein plattes Signal, die Hörer (weil sie's erkennen) schmeichelnd zu stimulieren. Wenn Leporellos bekannte Quarten eben und ausgerechnet da aufklingen, als die Studenten zum Saufen sich breitmachen, dann ordnet ihnen auch Offenbach mehrere Funktionen gleichzeitig zu. Das Quartenzitat literarisiert und historisiert. Oper in der Oper, legt es diese zeitlich fest, deutet auf die Don-Juan-Verehrung des Dichters Hoffmann und erweitert mithin dessen Bühnen-Dimension; und es dient erneut auch der Satire: Höchste Kunst, in den Dunst des Bier- und Weinkellers transportiert, akzentuiert verschärft die flache Unbedeutendheit dieser Pseudo-Welt, deren Programm da nach dem chorischen Willen der Studenten lautet: »Hört ihn an, herrlich läßt sich's trinken, wenn dabei Liebesträume winken und man sieht in heit'rer Ruh' aus der Pfeife den Wolken zu . . .«

Simultan aber steigert das Leporello-Motiv, paradoxerweise gerade wegen seiner Vermählung mit Biergesang und Zoten, die ohnehin schwelende obskurantische Verzauberung: Die Magie dieser Binnen- und buchstäblich Unterwelt erstarrt zu fast totaler Künstlichkeit — das vor allem ist Offenbachs Opernleistung, wie sie von keinem Komponisten je so erreicht wurde. Übers bloß Atmosphärische und Literarische hinaus steht das Zitat wieder für so etwas wie Symbiose, Identität — diesmal eindeutig via Trivialisierung, die in Mozarts Selbstzitat allenfalls leis anklang. Die nächtlich-produktive Welt des »Don Giovanni« bettet quasi die gleichfalls nächtliche, aber evident unproduktiv vergammelte der Erzählungen Hoffmanns ein — der Kunstzusammenhang Mozart selber trägt den »romantischen Sinn« der Oper. Keineswegs wird

Eine unheimliche Begegnung des Friedrich von Flotow

Mit meiner nächsten Oper werde ich ihn endgültig überflü–
Pfui Deubel!
Di didi didi didididdidiii
Pfeift der Sauvogel nicht das Papagenomotiv?

Mozarts Patronat schnöd für dubiose Opernzwecke ausgebeutet, es steht vielmehr als Kunst in der Kunst für jenes fruchtbar Fortzeugende, von dem der alte Goethe im Zusammenhang des »Don Giovanni« raunte. Noch in ihrer Trivialgestalt baut die Opera assoluta Brücken.
Ein höchst merkwürdiger Zufall ist es, daß Leporello in der Geschichte von Zitat und Selbstzitat ein drittes Mal zu großen Ehren kommt, wiederum mit seinen Quarten von »Notte e giorno fatigar«. Ob es eine prononciert humoristische Verlängerung von Mozarts Figaro-Don-Giovanni-Selbstzitat humoristischen Geistes war, die Beethoven bewogen hat, in seinen »33 Variationen über einen Walzer von Diabelli« völlig unvermutet Leporellos Liedchen »Keine Ruh' bei Tag und Nacht« zu zitieren? Der Witz jedenfalls dieser 22. Variation ist ihr Frappierendes. Denn auf den ersten Blick scheint »Notte e giorno« ja kaum mehr etwas mit dem philiströs-behäbigen Walzerthema Diabellis zu tun zu haben, mit dem der Verlegerkomponist 1819 fünfzig Komponisten zu einer Art Wettbewerb animierte – an dem sich Beethoven erst gar nicht beteiligte, Jahre später aber dann doch seine monumentalen Diabelli-Variationen vorlegte; wie um zu dokumentieren, daß er eben eine musikalische Kategorie *sui generis* sei.
So rätselhaft dieser »Mikrokosmos des Beethovenschen Genius« (Bülow) insgesamt, so verwirrend der Funktionszusammenhang des Don Giovanni-Zitats. Jürgen Uhde in seiner Analyse aller 33 Variationen: »Eine Laune – oder eine tiefere Anspielung? Vielleicht handelt es sich um einen Rückblick und um Verdrängung der Wehmut durch burschikoses Gehabe. Denn Beethoven war mit 17 Jahren in Wien gewesen und dort Mozart begegnet. ›Dieser Jüngling wird noch von sich reden machen‹, soll Mozart bekanntlich daraufhin gesagt haben, aber es kam nicht zu einem intensiven musikalischen Kontakt. Wir wissen aber, daß Mozart in dieser Zeit den ›Don Juan‹ schrieb, und es wäre möglich, daß er Beethoven von diesem Projekt berichtet hat.«
Das ist vag genug. Konkreter immerhin, daß »Notte e giorno« die Quartsprünge der Klavierbässe des Variationsthemas repetiert – wie diese ihrerseits das Arietta-Thema der letzten Klaviersonate in c-Moll erinnern. Woraus sich abermals eine Art Verwandtschaftsmystik ableiten ließe, deren Name eben Humor ist – wobei Humor und Ironie, sonst eher konträre Begriffe, als komische Anspielung und als komisches Durcheinander fast zu Synonymen werden. Der »tiefsinnige Humor« (Paul Bekker), der »verwegene Humor« (Hans von Bülow) des klavieristischen Monstrums meinte also im Fall des Don-Giovanni-Zitats ein Inner- wie Außermusikalisches. Humor wäre die Direktheit, mit der Entferntes kontrahiert wird; mit der sehr Heterogenes – hier die Oper aller Opern in ihrer Klassizität, dort das avanciert moderne

Werk — kraft winziger Ähnlichkeiten im Widerschein von Kunst eins wird. Ein Gedanke, der den zeitgenössischen klassischen und romantischen Humortheorien ja keineswegs fernsteht.
Der Unendlichkeits-Gebärde des Humors korrespondiert allzeit seine Insistenz auf Winziges, Läppisches. Zuletzt darf man sich nämlich auch fragen, ob nicht zuerst die Namensassoziation Leporello — Diabelli Beethoven zu seinem Kunststück verleitete.
Drei Beispiele von Opernzitat und -selbstzitat. Die Begriffe sind notwendig zu scheiden von angrenzenden. Vom Zitat »expressis verbis«, nämlich der Neuinstrumentierung älterer Bestände, auch von der Transskription (etwa der Art der Lisztschen Opern-Paraphrasen). Die Varianten von Wiederverwendung eigenen oder fremden Materials sind zahllos; man denke auch an die barocke Zitier-Tradition der »Kontrafaktur«, die später »Parodie« genannt wurde: die Ausstattung einer alten Melodie mit einem neuen Text. Bachs Eingangschor aus dem Weihnachtsoratorium, adaptiert aus einer Geburtstagskantate, ist das populärste Beispiel.
Bachs Verfahren hat das posthume Verdienst, gar zu subjektivistisch-mystelnder Deutung entgegenzuwirken, den Blick freizumachen für eine durchaus »unmetaphysische« Musikpraxis, auch für die stilistischen Eigentümlichkeiten einer spezifischen Gebrauchsmusik. Noch Mozarts Requiem übernimmt ganz ungeniert Themen aus Händel-Oratorien, so wie Händel seinerseits nach einer oft kolportierten Liste im Zuge seines Opernschaffens von mindestens 30 Opernkomponisten »entlehnt« und übrigens den Vorwurf geistigen Diebstahls so gekontert haben soll: »Aber diese Schweine wissen doch mit einer guten Melodie rein gar nichts anzufangen!«
Parodie — noch die frühklassische Musikpraxis tolerierte durchaus den eher sportiven Geist der Geschicklichkeit, des »Könnens«, hier des Imitierens. Er könne, verkündete Mozart 1778 dem Vater stolz, »so ziemlich alle Arten und Stile von Kompositionen annehmen und nachahmen«. Wir kommen auf diese eigentlich immer lebendige Tradition des Klang-, Stil-, Gesinnungszitats zurück — in Mozarts Oper führte die (noch kaum als Zwang, eher als Spaß verstandene) Praxis zu einem singulären, grandiosen Resultat: dem »Titus«, der ja nichts anderes ist als eine von der *Opera seria* über deren Parodie, »Cosi fan tutte«, rückverwandelte Seria! In der die Ironien der »Cosi«-Partitur plötzlich wieder stilistisch quasi ernstgenommen werden, so als wäre seit dem »Idomeneo« nichts geschehen! Ein doppeltes Stil-Zitat!
Parodie im barocken Sinn hat noch ihren Nachzügler in Rossini, in seinem gänzlich unbekümmerten Usus, ganze Opern aus dem Fundus älterer eigener zusammenzubasteln. »Wer eine davon gehört hat, kennt sie

alle«, beschied der Komponist, durchaus zufrieden mit seinem Arbeitsethos. Man hat eruiert, daß der »Barbier von Sevilla« Leihgaben aus sage und schreibe sieben eigenen Kompositionen enthält – und drei fremden dazu. Die Opern-Anekdoten-Bücher sind voll der einschlägigen Histörchen: wie z. B. der alte Generali in Rossinis »L'inganno felice« fast notengetreu ein Terzett aus seiner »Adelina« entdeckte, den Dieb zur Rede stellte, dieser aber stracks parierte: »Ich weiß es. Aber dieses Terzett ist die wichtigste Situation meiner Oper; ich konnte sie unmöglich umgehen, und es fehlte mir gerade ein glücklicher Gedanke. Da habe ich ihn von Ihnen genommen. Konnte ich eine bessere Wahl treffen?«

Die Produktionszeit der Opern war extrem kurz, Rossini ein lockerer Vogel, und den spaßigen wußte er auch gut herauszukehren. Daß die Ouvertüre des »Barbier« eigentlich die zu »Elisabetta« war, mochte für Kenner schon heiter sein; aber ist nicht auch ihre Coda als das Fugen-Thema der »Zauberflöten«-Ouvertüre nachzuweisen? Und das Terzett »Zitti, zitti« nichts anderes als der froh und etwas flinker eilende Ackersmann aus Haydns »Vier Jahreszeiten«?

Schnell- und Trickverfahren in einer musik-, respektive opernsüchtigen Periode – dergleichen war nicht nur erlaubt, sondern eher Zusatzspaß. Der schmale Grat zwischen kenntlichem Zitieren einerseits und dem Plagiat andererseits: Zu Zeiten der frühklassischen italienischen Oper war er bequem passabel, und noch Donizetti tummelte sich behend und arglos auf ihm. Kunterbunt rauscht es durcheinander: Donizetti schreibt für die »Lucia« aus einer Messe seines Lehrers Simon Mayr ab, dieser kontert die Kunde vom Diebstahl: »Was wollt ihr? Mein bester Schüler hat mir eine große Ehre erwiesen!« Dann erfinden Donizetti (für seine »Paresina«) und Bellini (für »Beatrice«) zufällig das gleiche Thema, raufen sich ein bißchen und kommen drauf, daß beide von Carl Maria von Weber gestohlen haben. Donizettis Verbindungen zu Wien müssen auch sonst sehr telepathisch gewesen sein, denn die Tenorarie »Fra poco a me ricovero« aus der »Lucia« ähnelt wiederum ganz niedlich dem »Guten Morgen, schöne Müllerin« aus Schuberts Liedzyklus.

Zufall? Plagiat? Es dürfte ein Drittes geben, Halb-Plagiate, Entlehnungen, die den Komponisten eher unterlaufen, die in der Fruchtbarkeit der damaligen Melodienproduktion cis- und transalpiner Herkunft per »Unbewußtsein« sich in die scheint's originären Texte schmuggeln. Kaum mehr als ein hübsch irritierender Zufall waltete, als Beethoven seine »Eroica« mit dem Dreiklangsthema der »Bastien und Bastienne«-Ouvertüre eröffnete.

Unabsichtliches Zitieren aber ist es offenbar, wenn Smetana im Terzett der »Verkauften Braut« Kezal jene skurril-hektischen Figuren schnattern läßt, die mit Ubertos Arie »Son imbrogliato« aus Pergolesis »La serva padrona« einst das Licht der Welt erblickten. Ohne Gedächtnisausfall wäre schwer erklärlich, warum Tschaikowski im »Schwanensee« ein Thema vorstellt, das dem »Lohengrin«-Gebot »Nie sollst du mich befragen« erstaunlich ähnlich sieht. Und möglicherweise war sogar der wohlinformierte Richard Strauss etwas absent, als ihm bei der großen Ariadne-Arie nicht aufging, daß er sich hier mit dem Finalsatz-Thema der Beethovenschen Pastorale verdächtig ins Gehege kam. Offenbar gibt es sogar ein Viertes; wenigstens in einem sehr merkwürdigen und wohl beispiellosen Fall: In Beethovens Les-Adieux-Klaviersonate, im 2. Satz, hat es eine Art »Schicksalsfrage«-Motiv in drei Tönen (g-fis-a), das gewandelt noch einmal im letzten Streichquartett erscheint (»Muß es sein?«) — dann aber, mit großer Ähnlichkeit, bei Schubert (»Ihr Blümlein alle, wovon so naß?«), in den ersten beiden Takten der »Freischütz«-Ouvertüre, in der Einleitung von Mendelssohns »Schottischer Sinfonie«, in Cesar Francks d-Moll-Sinfonie und, leitmotivisch, nämlich als dezidierte »Schicksalsfrage«, in Wagners »Ring«.

Woraus spekulativ etwas so Diffiziles wie eine »Naturton«-Theorie sich ableiten ließe — hier ein Naturton, der, »banges Seufzen« nachahmend, also weder Zitat noch Plagiat wäre, sondern Mimesis und in der Folge musikalischer Topos, Archetypus. Die Frage »Muß es sein?« oder »warum?« wäre eben sozusagen musikalisch so und nicht anders auszudrücken. Eine These, für die immerhin spräche, daß auch das Thema von Schumanns Klavierstück »Warum?« die Figur in nur etwas erweiterter Form nachzeichnet . . .

Gibt es, analog dem unbewußten Zitieren, Fälle von unbewußten Selbstzitaten? Bei Beethoven könnte man auf die Idee kommen: Die Coda des »Eroica«-Schlußsatzes und die Orchester-Introduktion des »Fidelio«-Quartetts »Er sterbe!« erinnern aneinander scheint's zufällig. Bei Mozart, im Zuge seiner atemlosen Produktion, wäre manchmal eine Art Vergeßlichkeit zu vermuten. Daß das »Quoniam« der Waisenhaus-Messe das Liedchen »Geh', du sagst mir eine Fabel« aus »Bastien und Bastienne« aufgreift, könnte schon bewußtes Selbstzitat sein — oder aber eine Art »Gedankenlosigkeit« des komponierenden Kindes reflektieren. Geht die erste Blondchen-Arie aus der »Entführung« mit Bedacht auf »Tu virginum corona« aus der Sopran-Motette »Exsultate, jubilate« zurück? In einem noch berühmteren Fall ist überaus zweifelhaft, ob Selbstzitat, Reminiszenz oder etwas seltsam Somnambules stattfindet: Angesichts der Ähnlichket der zweiten Gräfinnen-Arie aus dem »Figaro« mit dem Sopransolo »Agnus Dei« aus der Krönungsmesse möchte man eine Anspielung per Halbzitat vermuten: Die vom Hörer wahrgenommene Affinität könnte die Gestalt der Gräfin um den Aspekt eben des Opferlamms vertiefen – eine Interpretation, die aber sehr fraglich bleibt. Kompositionelles Verfahren ist dies kaum, eher bietet sich die These an, Mozart habe zwei sehr verwandten seelischen Vorgängen »unbewußt« die identische musikalische Idee aufgeprägt.

Das Instabile, Fluktuierende ist dem Begriff des Zitats und Selbstzitats offenbar wesentlich. Verwandt ist beiden auch die Parodie, die man, in Abgrenzung zur barocken, die romantische nennen könnte und die sich wohl unter die sogenannte »romantische Ironie« subsumieren ließe. Parodie, wie sie etwa Schumanns »Carneval« vorstellt, wo ein »Chopin« betiteltes Stück ganz dessen Nocturnes abgelauscht scheint. Ähnliches findet sich, so ironisch wie elegisch, in Stücken wie Ravels »Menuet sur le nom d'Haydn«, Saties Büro-Sonate oder Prokofieffs »Klassischer Sinfonie«, in denen graziös »verfremdet« Haydns »Geist« »beschworen« wird – wie der Pergolesis in Strawinskys »Pulcinella«-Suite. Im Bereich der Oper wären Wolf-Ferraris »Vier Grobiane«, »Die neugierigen Frauen« und »Susannens Geheimnis« mit ihren Anspielungen auf Mozart, Pergolesi, Rossini und Donizetti Beispiele von eklektizistischem Zitat; auch Egks »Zaubergeige« und viele andere Opernmusik aus dem 20. Jahrhundert fiele in dies Kapitel »Klassizismus«.

Eine kuriose Art dieses Zitierens nicht von Noten, sondern von »Gesinnung« begründete Bruckner im 1. und 2. Satz seiner 7. Sinfonie. Hatten sich schon vordem in seinen Sinfonien sowohl Selbst- als auch, sehr versteckt, Wagner-Zitate eingenistet – die Ahnung vom Tode Wagners und dessen Bestätigung führte zu der von der Bruckner-Literatur als »Heldengedenken« bezeichneten cis-Moll-Huldigung des Adagios, das ein seltenes Beispiel für das bietet, was man Gesinnungs-, hier auch Klangzitat nennen könnte. Zitiert wird, vor allem mit tiefen Streichern und »Wagner-Tuben«, von der Coda des 1. Satzes an eine neue Farbe, eine neue Klangdimension: nämlich der spezifische »Ton« der »Götterdämmerung«. Verschärft wird das Verfahren dann, zu einem Doppelzitat, durch ein Tonart-Zitat: Wie der Trauermarsch der »Götterdämmerung« mündet das cis-Moll-Adagio ins ferne und emphatische C-dur eben dieses Wagner-Heldengedenkens! Eine Art allegorisches Eingedenken des Verstorbenen bis hin zur Identifikation mit ihm!

Die Musik der späten Romantik und der Moderne ist so gespickt mit Zitaten, wie eben diese Moderne sich weithin als Parodie der Klassik-Romantik versteht. Und also als Provokation. Provokant parodistisch gibt sich der Mendelssohnsche Hochzeitsmarsch in Jacques Iberts »Divertimento«, verstören will ein »Fledermaus«-Zitat in Strawinskys »Jeu de Cartes«; unzählig sind die Beispiele. Eher einen inneren als einen öffentlichen musikalischen Skandal inszenieren wollten Mahler und

Schönberg, wenn der eine in der 3. Sinfonie tollkühn ein altväterliches Posthorn-Solo, der andere im 2. Streichquartett die Volksweise »O du lieber Augustin« zitiert. Hier wie dort ist das Zitierte Mittel (unter anderen), jenen säkularen Auflösungsprozeß von Musik zu forcieren, den der späte Beethoven schon witterte. »Die alte Romantik ist tot«, lautet eine Parole von Schönberg, »es lebe die neue«. Die Auflösung selber, das Verwässern gehört zu ihr.

Gustav Mahlers Selbstzitat ist noch ganz Trauer, Melancholie. Wenn seine 1. Sinfonie die vier Jahre alten »Lieder eines fahrenden Gesellen« selbst-zitiert, dann hat das nicht länger mit dem von Haydn, Mozart, Schubert sich herschreibenden Usus zu tun, Liedmaterial halb programm-musikhaft, halb wie in absolute Musik rückverwandelte Reminiszenz noch einmal zu verwerten. Der Re-Genesis eignet etwas tatsächlich hörbar Akutes, und der Konsens der Mahler-Literatur, es bestehe zwischen den Liedern und insbesondere den »Wunderhorn-Sinfonien« besondere Durchlässigkeit, reicht zur Deutung ebensowenig hin wie die Konzertführer-Weisheit, die Sinfonien hätten in den Liedern ihre Keimzellen. Richtiger wäre, zu sagen, Mahlers Sinfonien drängten in ihrer Doppelgestalt aus absoluter Musik und Programmatik, zu der eben die Zitat-Reminiszenz gehört, zu einer Art Epik, zum Roman ihrer eigenen Geschichte. Nicht schief dürfte auch die Beobachtung liegen, bei der starken Verschmelzungstendenz von Mahlers Lied und Sinfonie potenziere das Selbstzitat sich gleichsam noch einmal. Das wäre ein formaler Aspekt, wichtiger dürfte der psychologische sein: Das Zitat zitiert quasi »Lebensmelodie«, seine Wiederholung aber erweckt Rührung, Wehmut, auch Erschrecken — wie ja Mahler einmal bezeugt hat, vor manchen seiner Sinfonien sei ihm selber unheimlich geworden. Die Tonfolge von »Ging heut' morgen übers Feld« könnte Mahler zu einer Art fixer Idee ausgewachsen sein, unheimlich über die Unheimlichkeit der eben nur scheinbar volkslied-fröhlichen Notenfolge hinaus. Das Zitat selber wäre das Unheimliche?

Vergleichsweise harmlos, harmonistischer tritt das Zitat bei Wagner noch auf. Wagner zitiert viel — von sich und anderen. Von den anderen am liebsten — ausgerechnet — von Mendelssohn, dem Verhaßten. Ihm dankt Wagner, zumindest unbewußt, das Vorspiel zum 3. Aufzug des »Lohengrin«, das von Mendelssohns »Hochzeitsmarsch« angeregt ist; von ihm entleiht er, aus der »Schottischen Sinfonie«, das Motiv der Schicksalsfrage für die »Walküre« — und nennt die Sinfonie »weichlich, gedrückt«; um der Coda des 1. Satzes auch gleich noch die Chromatik der »Holländer«-Ouvertüre abzuschauen. Und schließlich wäre da die merkwürdige Koinzidenz von Mendelssohns »Reformationssinfonie« mit dem Grals-Thema des »Parsifal«, die beide sich auf das »Dresdner

Amen« beziehen, ein Quintmotiv aus der sächsischen Liturgie. Schon Mendelssohn setzte es zitierend ein, Wagners Erinnerung könnte gleichfalls auf die Bekanntschaft mit dem Dresdner Kreuzchor zurückdatieren.

Auch das Selbstzitat wird wichtiger Baustein von Wagners Opernkosmos — dies wäre ein sehr fruchtbares, offenbar noch unbeachtetes Forschungsfeld. Das »Tannhäuser«-Trompetensignal der einziehenden Gäste kennt man schon von einem »Rienzi«-Männerchor her; im 2. Aufzug des »Parsifal« hat es auffällige Halb-Zitate aus dem »Ring«; gleichfalls und thematisch plausibel zitiert das Weihespiel die hohen Violinen des »Lohengrin«-Vorspiels (das viel später auch Krysztof Penderecki in der Oper »Paradise lost« noch einmal, nach Meinung der FAZ »autoritätsgläubig«, aufgreift). Genauer besehen umklammert das Selbstzitat vielleicht Wagners gesamtes Werk: »Rienzi« schon bringt im »Gebet« jene ausdrucksvolle Melodienkurve samt dem charakteristischen Doppelschlag, die beide später in der »Götterdämmerung« als »Brünnhilde-Motiv« Ruhm ernten sollten. Eine Art Ur-Idee wiederum? Der stärkste Melodiker war Wagner bekanntlich nicht.

Wagners Leitmotiv-Technik ist in einem eminenten Sinn Selbstzitat; eine Art Binnen-Selbstzitat der Opern. Aber nur einmal im Gesamtwerk tritt Selbstzitat im klassischen Sinne auf, als ebenso unverklausulierter wie sehr bedeutungsschwerer Verweis über die Oper hinaus — in den »Meistersingern«, in denen »Tristan« atomisch wiederaufersteht. Der dramatisch-psychologische Konnex ist einfach: Zwischen Eva und Hans Sachs droht das sich zu wiederholen, was schon bei Isolde und Marke nicht gut ging. Eben daran erinnert Tristans Sehnsuchtsmotiv im 3. Aufzug der »Meistersinger«. Vorausgegangenen ist der strahlende Auftritt Stolzings, zu dessen Preis-Probelied und angesichts der verzückten Eva Hans Sachs — gespielt und wirklich aufgeregt — mit viel Gepolter Evas Schuhe repariert hat. Da aber strömt die Pogner-Tochter über, alles bricht auf: »O Sachs, mein Freund! Du theurer Mann! Hatte ich die Wahl, nur dich erwählt' ich mir: du warest mein Gemahl, den Preis nur reicht' ich dir.«

Erstmals klingt das Tristan-Sehnsuchtsmotiv an, verschlungen mit dem abgewandelten Preislied. Und Eva: »Doch nun hat's mich gewählt zu nie gekannter Qual: und werd ich heut' vermählt, so wär's ohn' alle Wahl! Das war ein Müssen, war ein Zwang! Dir selbst, mein Meister, wurde bang.«

Womit sie sehr recht hat, und Sachs, vorher schon in ironisch-schmerzlichen Anspielungen tändelnd, erinnert an dieser Stelle feierlich an den Mythos: »Mein Kind, von Tristan und Isolde kenn ich ein traurig Stück. Hans Sachs war klug und wollte nichts von Herrn Markes

Glück. 's war Zeit, daß ich den Rechten fand: wär' sonst am End' doch hineingerannt!«
Worte, die das Orchester *sotto voce*, gleichsam unterirdisch und fern, kommentiert. Vom originalen Hauptmotiv des »Tristan«-Vorspiels übernehmen die »Meistersinger« nur den zweiten Teil, die chromatische Folge gis-a-ais-h, transponiert nach g-gis-a-b. Zweimal wird die nachmals so virulente, ja revolutionäre musikalische Mikrobe zitiert, vom Horn, dann von der Klarinette, beim zweiten Mal singt Sachs die chromatische Figur mit. Die Notenwerte sind gegenüber dem Original leicht verzerrt, gleichsam simplifiziert.
Die Szene hat ihre Größe in der für Wagners Verhältnisse seltenen Grazie. Weit läßt die Musik die naheliegende und plumpe Anspielung aufs parallele Plot hinter sich. Über den bloßen Aufhorch-Effekt des Tristan-Zitats weist Wagner — ein weiterer Beleg für die vermutete geheime Selbstzitat-Struktur seines Opern-Gesamtwerks — die Ähnlichkeit von Tristans chromatischem mit Sachsens »Wahn-Motiv« nach, genauer: Die hier erst hörbare Verschmelzungsneigung beider Motive ist das Überraschende, sie selber umgeht alle Platitüde. Musikalisch beleuchtet die Synthese ganz lakonisch die Affinität von Liebe und Wahn, so wie auch, analog dazu, Stolzings edle Kantilene ihrer Karikatur bei Beckmesser eingedenk bleibt.
Verwandlungstendenz ist fast allen Wagnerschen Leitmotiven eigen. Das Zitat bekräftigt gerade dadurch, daß es eigentlich gar keins mehr ist, diesen Charakter universeller musikalischer Verwandtschaft; beschleunigt die Auflösung von fixen Sinnbezügen zwischen Musik und Text und Gehalt. Was als besonders »eindeutig« angetreten war, als Signal und Ticket, wird zum Schwebenden, Proteushaften, das Wagners Magisches ist. Im Fall der »Meistersinger« wiederholt die musikalische Metamorphose des Zitats gleichsam den Mythos, die Schöpfung: So wie in der antiken Tragödie dieser das Satyrspiel folgt, so sind musikalische Gestalten immer nur das Eine in anderem Licht. Mit anderen Worten: Der epische Kunstgriff des Zitats beseelt die Musik mit etwas Zusätzlichem, eigentlich Musikfremdem — mit Humor. Der Humor des Tristan-Selbstzitats ist, wie der Beethovens in den »Diabelli-Variationen«, irritierend, zersetzend und wiedervereinend: versöhnend.
Richard Strauss' Sympathie für Zitat und Selbstzitat war nicht durchaus die glücklichste. Sondern vielfach peinlich, vor allem im spektakulärsten Fall, in der Sinfonischen Dichtung »Ein Heldenleben«. Strauss, der schon im Frühwerk »Feuersnot« Zitate aus Wagner und der eigenen Oper »Guntram« untergebracht hatte; der am Schluß der »Arabella« seinen »Till Eulenspiegel« zitiert; umgekehrt in der bösen »Alpensinfonie« (»Auf dem Gipfel«) die Hoheitsgebärde der Marschallin aus dem 1. Akt

des »Rosenkavalier« — Strauss schöpft im Abschnitt »Des Helden Friedenswerke« aus dem narzißtischen Vollen: Reminiszenzen aus eigenen Liedern sowohl als aus »Don Juan«, »Till Eulenspiegel«, »Don Qixotte«, »Also sprach Zarathustra«, »Tod und Verklärung«. Das soll offenbar Ohrenschmaus für besonders gebildete Gourmets sein — das mußte schief gehen. Selbst sonst eher arglose Strauss-Apologeten reden von »Selbstglorifizierung«. Wahr. Schlecht humoristisch verbrämt, verfällt Strauss auf dem Höhepunkt seines Virtuosenwesens einer Albernheit, deren Name Größenwahn ist. Romain Rolland: »Ein böses Lachen, das Werk des historischen Ekels.« Über den Strauss der »Heldenleben«-Zeit weiß Stuckenschmidt: »Depression und Selbstzweifel lauern hinter der Gelassenheit des Grandseigneurs, des souveränen Großbürgers.«
Der seine Konzert- und Opernbesucher für zahlende Idioten hielt, der berühmte Brief an Zweig belegt es schauerlich.
Zu den Irritationen, fast Wundern der Chamäleon-Gestalt Strauss gehört aber an erster Stelle ihre kaum erklärbare Erneuerungsfähigkeit. Der gestern in der Attitüde borniertester Selbstbeweihräucherung daherrauschte, erscheint fast am anderen Tag als Weltgeist des Skrupulösen, Zarten, Nervösen, des wie instinktiv Reflektierten. Gerade, was im »Heldenleben« so peinlich daneben ging, Zitat und Selbstzitat, also dem Epigonalen so nahestehende Formen (und dies Epigonale war bekanntlich Strauss' crux und die seiner Epoche) — gerade die hat Strauss später in ihren Ausdrucksmöglichkeiten erweitert, fast neu entdeckt.
Die deutsche Weltgeschichte half nach. Sehr ungewollt und in kaum verhoffter Richtung bewegte sie die Geschichte der Musik. Zwanzig Jahre, bevor Mauricio Kagel mit seiner Beethoven-Hommage »Ludwig van« das Zitat konsequent durch die Montage von Authentischem ablöste, schrieb Strauss mit seinen »Metamorphosen für 23 Streicher« den Schwanengesang eben des Zitats und — in gewisser Weise und jedenfalls nach Strauss' subjektivem Begriff — den der Musik.
Hinter Strauss lag das Entsetzen des Reichs-Niedergangs, dessen Gewalt der Unpolitische schwerlich fassen konnte, das er vorrangig als »Trauer um München« empfand — so überschrieb er auch eine Skizze zu den Metamorphosen. Von Garmisch floh Strauss in die Schweiz, die dort begonnenen Metamorphosen verstand er als »Handgelenksübung«; 1946, im Jahr der Uraufführung, bezeichnete er sie beharrlich untertreibend als »handwerkliches Studienmaterial für unsere braven Instrumentalisten«. In Wirklichkeit war es Strauss um nichts Geringeres zu tun als um einen End-Punkt hinter die europäische Musikgeschichte: um symbolische Konklusion mit dem Trauermarsch der »Eroica«, den die Metamorphosen zitieren, verwandeln; seinen Gehalt indessen nicht etwa zu »steigern«, sondern ihn quasi zum Versiegen, zum Verenden zu

bringen. Das langgezogene, hochgespannte Decrescendo braucht man sich nicht zu scheuen, tragisch zu nennen. Es ist, als verweste etwas vor unseren Ohren; etwas sehr Altes, Schönes, Wahres, zerebral und vegetativ unfruchtbar Gewordenes.

Beherrschend wird für den 80jährigen Strauss die goethische Idee der Verwandlung. Übers Ende der »Metamorphosen«, deren Verwandlung von Musik ins Tonlose, hinaus, kommt Strauss noch einmal auf Metamorphose zurück, genauer vielleicht: Metempsychose, »Seelenwanderung« — in den »Vier letzten Liedern«. Über dieses Werk ist viel Blumiges geschrieben worden. »Über die Musik leuchtet das Gold der Abendsonne«, befindet z. B. Heinrich Kralik. Darüber kann man streiten, zumindest zielen solche Metaphern an der Qualität dieser Hesse- und Eichendorff-Vertonungen präzis vorbei. Das vierte Lied, Eichendorffs »Im Abendrot«, schließt mit den Worten:

»Wie sind wir wandermüde —
Ist das etwa der Tod?«

Die Projektion dieser Zeile des überaus verwirrenden und nur scheinbar friedlichen Eichendorff-Gedichts auf die eigene Todesnähe löst in Strauss einen komplizierten und noch recht naiven Produktionsprozeß aus. Auch der Tod wird jetzt von der Idee der Verwandlung her »komponiert« — und Strauss greift (deshalb?) zum symbolischen Selbstzitat; zitiert das 60 Jahre alte »Verklärungsmotiv« aus »Tod und Verklärung«, einer frühen, eher großspurigen Sinfonischen Dichtung — und: als eine Art gestisches Semi-Zitat in der Liedeinteilung die Verwandlungsmusik der »Daphne«! Die doppelte Revokation meint Verwandlung als musikalische Struktur und meta-musikalischen Sinnbezug. Die Jugendarbeit wird über Daphnes Verwandlung (in den Baum) sehr goethisch-spielerisch dem Todeszusammenhang assoziiert, das Metamorphose-Motiv der Oper weicht vorab die Härte der Eichendorff-Zeile »Ist dies etwa der Tod?« ins weniger Konsistente, Ominöse, »Erscheinungshafte« auf. Breiternste Posaunenakkorde — das alte Verklärungsmotiv, das ja ehedem schon und viel glatter Verwandlung meinte — überlagern die scheinbar lyrisch-entrückte Szene, die in Wirklichkeit doch wieder durch den Schein von Erhabenheit hindurch von Angst und Unheimlichkeit redet. Die Posaunen führen Dialog mit den Terzen zarter Flötentriller, dem Gesang zweier Lerchen, dann versinken sie in raunende Tonlosigkeit.

Zu kurz greift Walter Panowskis Deutung, das Selbstzitat an so exponierter Stelle meine Resignation. Richtiger ist, was Kralik schreibt: nie habe Strauss unpathetischer, unfeierlicher komponiert. Worin liegt das Besondere dieses so mehrfach verschleierten Selbstzitats? Was rührt uns an den »Vier letzten Liedern«, an diesem letzten vor allem, so sehr an? Ihre Unöffentlichkeit. Das Selbstzitat läßt das Selbstzitat fast hinter sich und wird zur subjektiven Realität. Strauss selber registrierte es beim Komponieren, so ein letztes Mal die — humoristische — Frage anschneidend, ob es nicht doch jenseits von festgemachter Musik »Naturtöne«, »Urtöne« gebe, und jenseits von Kunst eine andere Identität: »Merkwürdig, das mit dem Sterben ist genauso, wie ich's in ›Tod und Verklärung‹ komponiert habe. Merkwürdig ist das.«

Zitat, Selbstzitat sind zunächst literarische Kategorien, nämlich epische. Sie erzählen, daß vorm Augenblick der sich mitteilenden Kunst schon Kunst war. Die Herkunft des Zitats aus dem Epischen dürfte dafür verantwortlich sein, daß ihm meist nur im Bereich der Dichtung Aufmerksamkeit zuteil wurde; an einer Theorie und Psychologie des musikalischen Zitats fehlt es. Vermuten darf man immerhin, daß die Sache auch mit dem unterschiedlichen Alter von Musik und Literatur zusammenhängt; damit, daß Kunst-Musik, wie wir sie heute verstehen, eine sehr junge, spät entwickelte Gattung darstellt, die dementsprechend spät etwas zu erzählen, zu zitieren hatte. Tatsächlich entfalten Zitat und Selbstzitat ihre Qualitäten erst entscheidend mit der Geburt von musikalischer Subjektivität, mit der Klassik. Stützen läßt sich die Hypothese auch durch den Hinweis, eine unvergleichlich ältere Kunst, die Malerei, habe Zitat und Selbstzitat früh entwickelt und, von Vermeer bis Dali, ausgiebig deren Möglichkeiten genutzt — etwa als Verdopplung der Allegorie durch die Bildallegorie im Bildhintergrund, bei Vermeer.

Dominant, expansiv geradezu wird das Zitat, so wie es selber episch ist, im Roman, im bürgerlichen Roman vor allem, der bisher exzessivste Zitator dürfte Fontane sein, dessen Romane zur Hälfte aus Zitaten, Halbzitaten und Selbstzitaten sich konstituieren.

Anspielung ist fast alles. Kunst insgesamt meint wesentlich: Aufspüren von Ähnlichkeiten. Das Zitat verdoppelt gleichsam diese Anstrengung und — macht sie lächerlich. Denn sein Pathos ist Ähnlichkeit *expressis verbis* — und also eine sich selber liquidierende. Das, noch einmal, gibt ihm den Charakter von Relativierung, Unwörtlichkeit, von Humor; und der hat, jenseits des Begriffs der Banausen, allemal, und je humoristischer, je akuter, mit Melancholie zu tun als einer spezifischen gemischten Verfassung von geschichtlicher Trauer. Der Konnex Epik — Humor — Melancholie bezeichnet die Geschichte des musikalischen Zitats seit Mozart und Beethoven — und hin und wieder meint man die Mischzustände aus Lächeln und Seufzen direttissima aus den Partituren herauszulesen.

Puccini war lebenslang ein ausgiebiger und legerer Selbstzitator. Im barocken Sinne, indem er Teile aus älteren mißlungenen Opern unverzagt in neuen nochmals ausprobierte; so etwa »Edgar« für »Tosca« reanimierte. Indem er auch mal ein eigenes Liebeslied fürs Quartett des

4. »Bohème«-Akts locker machte. Allein, der Opernpraktiker und -pragmatiker, der spätbürgerliche und mit Bewußtsein frühkapitalistische Melodramatiker und Seelenaufweicher Puccini war nicht borniert genug, das fortschreitend Manipulative seines Geschäfts nicht fortschreitend zu wittern und ihm in Form ernster Verstörungen Tribut zu zahlen. Die scheint's aus dem Ärmel geschüttelte Opernroutine war kaum eine. In den Biographien kann man Puccinis Nervosität über die zunehmende Gefahr des Mißlingens nachlesen — in der Oper wird sie Dokument. Als Selbstzitat in seiner anrührendsten, wohl auch wichtigsten Qualität: als Wehmut, Schwermut.

Es ist eine Wehmut bis zum Erschrecken — und insofern hat Puccinis Selbstzitat gewiß mehr Verwandtschaft mit dem von Strauss und Mahler als mit Rossinis und Donizettis. Es ist unter allen großen Selbstzitaten vielleicht das leiseste und existentiell betroffenste.

Puccini soll um seine auf der Bühne verschiedene Mimi, man kann's ihm nachfühlen, höchstpersönlich geweint haben. Er liebte sie und ihr Motiv auf schon kaum mehr unterscheidbare Weise: Die Tonfolge fis—g—a—b—e—d zeichnet ja tatsächlich Mimis Dasein so sinnlich-figürlich nach, als habe man die aparte Fragilität ihrer irdischen Hülle leibhaftig vorm Auge. Der Komponist scheint ganz vital auf seine fiktive Pariserin fixiert gewesen zu sein: Er ahnte, ja wußte, daß es dergleichen Glücksfall an »Schöpfung« nicht ein zweites Mal gäbe, wie heftig er immer recherchierte — weder was die Gestalt noch die musikalische Eingebung anlangt. Und mehr noch: Mimi war Puccinis »Idee«, vielleicht *die* Idee, und mithin realer als wohl die meiste Wirklichkeit.

Gewissermaßen mit einem Trick half Puccini sich aus der doppelten Verlegenheit durch Mimis zwiefachen Tod: durch Zitat-Beschwörung im Einakter »Der Mantel«. Der Gedanke lag nahe, obgleich die Parallelen zwischen der Schiffersfrau Georgette und der Grisette Mimi eigentlich nur vag sind, beschränkt auf Lebenshunger und latente Genußsucht, psychische Beschädigungen durch die moderne Metropole, welche aber die graziöse Innigkeit des kleinen Mimi-Motivs eben fast ganz verschweigt. Härter, brutaler ist auch die Realistik des »Mantel« als die der »Bohème«. Gerade dies bot Puccini die schöne und tiefsinnige Möglichkeit einer Reanimation der Seligen. Als — bühnenstrategisch realisiertes — fernes, deshalb doppelt anmutiges Echo. Ein Liedverkäufer preist nächtens sein neuestes Angebot an, Moral des Liedchens: »Wer nur lebet für die Liebe, stirbt an ihr und weiß nicht wie.« Da intoniert das Orchester sehr zart das alte Mimi-Motiv, die Folge a—h—c—fis—e, also einen (symbolischen?) Ton höher (ferner?) als das Original. Drauf der Liederverkäufer: »So erging es der Mimi!«

Das Orchester lauscht gleichsam ins Vergangene, ganz wie die Mimi der

»Bohème« im 4. Akt selber halbverklärt, ja ins eigene (Puccini-)Idiom verliebt, ihrem Motiv gelauscht hatte — beim Sterben. Der Rekurs zum Selbstzitat Mozarts im »Don Giovanni« ist überraschend, aber ganz evident. Beschworen wird an dieser erlauchten Stelle des »Mantel« weit übers Paris-Atmosphärische hinaus halb öffentliche, halb private Operngeschichte, ja private Passion: Wehmut, *con amore,* nämlich darüber, daß Kunstfiguren sterben, als ob es wirkliche wären — und sie *sind* auch wirklicher! Und sind doch noch nicht einmal als Kunstfiguren lebendig zum Lieben zu halten! Das ist der *choc,* von dem schwer zu sagen ist, ob er das Unwiederbringliche meint, den gestörten Traum, die Lüge von Kunst oder die *vanitas mundi* überhaupt.
Wie das von Strauss und Mahler singt Puccinis Selbstzitat etwas wie Lebensmelodie; eine verschüttete kleine Ewigkeit innerhalb der großen und über diese noch in der Kapitulation triumphierend. In einem späten Stadium verschmilzt Kunst mit etwas sehr Privatistischem.

Väter? Pfui Teufel!

Ein Wort zur Sozialgeschichte

Was Väter doch andauernd für Scheiß bauen! Offenbar bauen *müssen!* So im Leben — so in der Oper:
Es ist schon kaum zu glauben: Wilhelm Tell in Rossinis Meisterwerk schießt verblendet auf den eigenen Sohn. Doktor Bartolo in »Figaros Hochzeit« will gegen den Sohn prozessieren, damit er — die Mutter heirate! Rocco im »Fidelio« wiederum will seine Tochter gleich gar mit einer Frau verehelichen. Vater Cardillac in Hindemiths Oper gibt seine Tochter ungefragt einem Offizier, will aber diesen schon im nächsten Bild erstechen. Und Vater Herodes in Strauss' »Salome« ist gar auf die eigene Tochter scharf — und läßt sie deshalb umbringen.
Noch das Harmloseste ist, daß die Väter stur ihre Töchter nicht herausrücken wollen und ergo schmählich getäuscht werden — so Vater Stößel in Dittersdorfs »Doktor und Apotheker«, so Sir Humphrey in Marschners »Vampyr«, so Vater Peachum in Weills »Dreigroschenoper«; der Kaufmann Roms in Cimarosas »Heimlicher Ehe« läßt deshalb sogar einmal blindwütig die Kammertür seiner Tochter sprengen. Daß der Vater aber die eigene Tochter gegen den Verführer schützen möchte, obgleich diese gar nicht geschützt werden will, und dabei auch noch umkommt — dies taktische Meisterstück war (symbolische Rache Mozarts am Vater Leopold) dem Komtur des «Don Giovanni» vorbehalten. Perverser nur

noch der Vater und Galanteriewarenhändler (!) Wesener in Bernd Alois Zimmermanns »Die Soldaten«, der die eigene Tochter nicht einmal mehr erkennt!
Es ist, wie es ist, und es ist fürchterlich (Hans Henny Jahnn). Der Gärtner Antonio, Vater der lieblichen Barbarina im »Figaro«, ist nach Figaros Auskunft schon in der Frühe besoffen. Vater Agamemnon in Kreneks »Leben des Orest« kehrt vertrottelt aus dem Trojanischen Krieg heim und wird natürlich sofort ermordet. Der Vater der »Klugen« von Orff wird buchstäblich wegen Dummheit eingesperrt. Vater Idomeneo will in seiner Verwirrung Sohn Idamantes dem Meergott opfern, Vater Boris Godunow endet gleichfalls vollkommen (das muß man gehört und gesehen haben!) umnachtet und geht tot. Und über den Vater in »Hänsel und Gretel« schweigen wir lieben den Mantel des Deckels.
Bei Verdi aber ist es nicht nur fürchterlich, sondern schon ganz furchtbar. Kein Vater in den 27 Opern, der auch nur einigermaßen anständig über die Runden kommt! Vater Moor in den »Masnadieri« läßt sich vom eigenen Sohn einsperren — und dieser Sohn wird schon wissen, warum das bitter nötig war. Der Veteran Miller, Vater der »Luisa Miller«, wird nämlich wiederum wegen Rauferei eingesperrt. Vater Rigoletto raubt erst mal und ersticht dann auch noch die eigene Tochter. Vater Germont stiftet zuerst zwei »Traviata«-Stunden lang Unheil und jammert dann am Totenbett der Violetta los, was für ein Blödmann er sei — immerhin! Dem Vater Marchese in der »Macht des Schicksals« ergeht es genau wie dem Komtur — er läßt sich sogar von einer verirrten (!) Kugel durchlöchern! Vater Amonasro verdirbt durch sein unzeitiges Plärren Aidas Lebensglück. Ähnlich Vater Philipp in »Don Carlos«, der zuerst (besonders schlau, was?) dem Sohn die Gattin ausspannt — und dann halt doch erfahren muß, daß die alte escorialgeschwächte Kraft nicht mehr recht mitmacht — und nicht nur dies: »Zwei Riesengabeln wachsen mir aus dem Schädel«, könnte er gut und gern mit Ännchens Vater Ford (»Falstaff«) einstimmen! Und endlich im »Simone Boccanegra« sieht Verdi sich sogar veranlaßt, sein Lebensthema, das Versagen der Väter, zu verdoppeln: Weder der Vater (der Doge) noch der Großvater (Fiesco) blikken wenigstens so weit durch, daß Amelia ihre Tochter respektive Enkelin ist und von Rechts wegen Maria heißt . . .
So gesehen, überrascht es natürlich nicht, daß Alexander Mitscherlich schon 1963 die Konsequenzen zog und laut den Beginn der »vaterlosen Gesellschaft« forderte. Und auch die Komponisten hätten sich schleunigst auf den Weg zu machen!
So kam es denn, daß diese sich wirklich schleunigst auf den Weg machten und den Vater und seine heruntergekommene patriarchische Autorität mählich, aber doch zügig ablösten und strichen — zugunsten wem?

Ein Ehestreit bei Humperdincks

Liebling, ich habe einen Stoff: Hänsel und Gretel!
Waaas?! Ein Kindermärchen?!

Herrgott! Du mußt einem auch jede Freude verderben! Tristan und Isolde wäre mir natürlich lieber!

Bzw. wessen? Richtig, *recte*, zugunsten des – Onkels, der seither immer mehr im Anmarsch ist – und schon schöne und schönste Erfolge zu verzeichnen hat:
So Donizettis Onkel Pasquale, der sich von einer bösen Frau befreit, indem er sie listig einfach dem Neffen zum Heiraten gibt. So ganz ähnlich König Marke, »Ohm« (!) Tristans, der sich auch aus dem hochromantischen Gehacke raushält und deshalb den Neffen mühelos überlebt. So der Onkel in Strawinskys »The Rake's Progress«, der ein Riesenvermögen zu vererben hat – so Onkel Buosco in Puccinis »Gianni Schicchi«, der umgekehrt seine ganze geldgeile Verwandtschaft noch *post mortem* austrickst. Onkel Sir Edgar in Henzes »Der junge Lord« erzieht seinen Neffen Lord Barrat streng, aber optimal zum Affen – seines großen Landsmanns Darwin eingedenk. Elisabeths Onkel Hermann Landgraf in »Tannhäuser« rechnet mit des Dichters Venusberg-Eskapaden ebenso rücksichtslos ab wie der sagenhafte Onkel Bonze in »Madame Butterfly« mit deren amerikanischer Extrawurst – und wie Schluß sollte er am Recht behalten! Als einziger geht er sauber aus dem ganzen US-japanischen Gewürge hervor, genau wie sein noch größerer Geiste im Bruder: Onkel Kreon in Orffs (auch sonst Klasse-Oper!) »Antigonae«. Nicht nur verurteilt der gerechte Mann seine Tode zum Nichte – sein Sohn und seine Gattin bringen sich deshalb gleich auch noch um.
Jawohl! So macht man das! Zack! So wird Platz auf der Welt! Ein sonst geht durch alles ander doch! Onkel ohne!

Opern-Intelligenzquiz

Frage: Wenn Alban Bergs Lulu eigentlich der Name von Verdis Hündchen war, Puccinis Mimi aber in der Textvorlage (Murgers Roman »Leben der Bohème«) eine Katze hat, die gleichfalls Mimi heißt, wie bringt dann Musetta den Konflikt zwischen Hund, Katze, 19. Jahrhundert, 20. Jahrhundert, Italien und Österreich reibungslos zur Befriedigung?
Antwort: Durch ihren Altgalan Alcindoro im 2. »Bohème«-Akt. Der heißt nämlich mit Spitznamen auch Lulu und kann Musetta nicht befriedigen.
Frage: Was ist paradox bzw. echt doof?
Antwort: Wenn Cherubin seraphinisch singt. Hähä.
Frage: Wenn einerseits Verdi der Mozart Wagners ist; wenn andererseits nach Tucholsky »Puccini der Verdi des kleinen Mannes ist, und

Lehár dem kleinen Mann sein Puccini« – wie müßte dann der Titel dieses Opernführers korrekt lauten?
Antwort: »Verdis Tucholskysches ist das Puccinioide Wagners in zwerghaft mozartesker Lehárigkeit« – oder vereinfacht gesagt: »Musik ist Trumpf«.

Stimmen von oben

Und siehe, eine Stimme vom Himmel sprach:
Dieser ist mein geliebter Sohn, an dem ich mein
Wohlgefallen habe.
Matthäus 3, 17

Mit den Stimmen von oben ist es in der Oper immer so eine Sache. Entweder man erwischt allerlei Vögel (der Waldvogel in »Siegfried«, der Falke in »Frau ohne Schatten«, die Nachtigall in Strawinskys gleichnamiger Oper, diverses Gefiedertes in Braunfels' »Die Vögel«) – oder man weiß nicht so recht, was das soll (der »Italie«-Chor in Berlioz' »Trojaner«, die Stimme der Mutter in »Hoffmanns Erzählungen«) – oder aber es wird drittens elend christlich.
Engelsstimmen erklingen am Schluß von Puccinis »Schwester Angelica«; die Stimme der hl. Jungfrau vernimmt am Ende von Honeggers »Johanna auf dem Scheiterhaufen« eben diese. »Gerettet«, singt der Engelschor in Gounods »Margarethe« von der Höhe herunter; in Boitos »Mefistofele«-Fassung des Goethe-Vorwurfs das gleiche »E salva!« Später wird dem sterbenden Faust (Goethes Faust II) von den himmlischen Heerscharen ähnliches zuteil: »Laßt uns beten ...« Und auch Verdi steht nicht an:

»O fliegt empor zu Gott, erhebt euch,
arme Seelen, mögt ihr bald euch erfreun
im ewigen Reich des Friedens, ja des Friedens« –

– so tönt sphärisch, betörend und ziemlich-sinnlos die Engelsstimme im Autodafé-Bild des »Don Carlos« – und natürlich muß Wagner das noch übertrumpfen, natürlich im »Parsifal«. Immer wieder »Stimmen der Jünglinge und Knaben« aus der Kuppel des Gralstempels:

»Der Glaube lebt; die Taube schwebt,
des Heilands holder Bote« –

Usw.: »Nehmet hin mein Blut, nehmet hin meinen Leib ... Wein und Brot des letzten Mahles ... durch des Mitleids Liebesmacht ... sel'ger

Tröstung Liebesgeist . . . selig in Liebe, selig im Glauben . . .« Zum Aktschluß eine »Altstimme aus der Höhe«:

»Durch Mitleid wissend,
der reine Tor.«

Und noch einmal haben wir's da im 3. Aufzug, »Stimmen aus der mittleren sowie der obersten Höhe kaum hörbar«:

»Höchsten Heiles Wunder!
Erlösung dem Erlöser!«

Über »dies weihrauch-düftelnde Sinne-Reizen« mokierte sich schon Nietzsche — man sollte die »Erlösung dem Erlöser«, diese absolut sächsisch-levantinische Theodizee, freilich in einer ruhigen Minute auch mal inhaltlich überdenken! — Immerhin, eine Eskalation ins Lateinische schafft noch Pfitzner im »Palestrina«. Drei Engel tönen da also:

»Kyrie eleison, Christe eleison,
Credo in unum Deum. Patrem omnipotentem . . .
Gloria in Excelsis Deo. Dona nobis pacem.«

Usf. Muß man die Herren Komponisten nochmals an Goethe erinnern? »In der Oper soll man nicht beten!« Es ist zum Katholischwerden!! Nimmt man hinzu, daß auch das Komtur-Standbild des »Don Giovanni« quasi als Jenseits-Vertreter geistliche Maßregeln erteilt; bedenkt man ferner, daß in Paul Graeners »Friedemann Bach« dessen Orgelspiel aus der Höhe herunterfrömmelt —

— dann wird es Zeit, daß wir, die Gottlosen, die gestandenen Atheisten und Antiklerikalen unter den Opernfreunden, uns den Stimmen *von unten* zuwenden, jenem wundersam infernalischen Geraunze und Gegrunze und Gegeifere und Gegeile, zum Exempel gleich mal der Stimme von unten in »Salome«; der Stimme aus der Cisterne:

«Nach mir wird einer kommen,
der ist stärker als ich . . .
Siehe, der Herr ist gekommen,
des Menschen Sohn ist nahe . . .!«

Ist es zu fassen? Jetzt kommt's da auch noch katholisch herausgebrummt! Na ja klar — Jochanaan! Was will man da gesunde Ferkeleien erwarten? Gibt's qualifiziertere Stimmen von unten in der Welt der Oper? Wie ist's mit den Stimmen der hoffentlich rotzfrechen Kinder in Kienzls »Evangelimann«, »aus dem Hof durchs Fenster herauf tönend«?

»Selig sind, die Verfolgung leiden
um der Gerechtigkeit willen,
denn ihrer ist das Himmelreich . . .«

Was soll man machen? Dieses Libretto-Schreiben hat weiß Gott den Teufel gesehen! Himmelschreiend!!!
Na ja, das Rettende ist halt immer nah (Hölderlin). Leider.

Beredte Pausen

Es erforderte eine gelehrtere und inspiriertere Feder als meine armselige, den tiefen Sinn der musikalischen Pause, der in der Oper zumal, in ihrer ganzen vielgestaltigen Tragweite als Trägerin von Bedeutungen auszuloten. »Eine Pause ist wie eine Atempause«, pflegte mein alter Kompositionslehrer Ferenc Knitter mir immer anzuvertrauen, »sie ist wie ein Einatmen und Ausatmen zugleich, wie Systole und Diastole, o Gott, wenn ich so an die großen, die allergrößten Pausen der Opernliteratur denke, Ben Ecki – nehmen Sie zum Beispiel jene wunderbar emphatische Generalpause, die Carl Maria von Weber vor dem Eintritt des C-Dur-Jubels in der »Freischütz«-Ouvertüre macht, *per aspera ad astra,* weiß der Satan, da wäre also die Pause das *aspera* bzw. das Nachdenken vor dem *astra* und das Abklingen des wütenden c-Moll-*asperas,* ja vielleicht ist die Pause sogar schon selber das *astra,* wer von uns kann Weber ins Herz sehen? – aber genauso ist es dann in »Cosi fan tutte« bzw. so ähnlich jedenfalls, da bedeutet die große Pause, sowohl in der Ouvertüre als auch im Terzett Nr. 30, jeweils vor dem »Co–si–fan–tut–te« ja gleichfalls das eudämonische Einschwenken in die hedonistische Freude, klar! Zuerst Besinnung – und dann das Leben geht weiter und weiter, und heiter!

Ganz anders ist es natürlich andersherum, wenn die Pause das Atemholen zwischen Todeseintritt und Todsein bzw. Trauer darstellt, das kennen Sie, lieber Ben Ecki, ja vom Trauermarsch der »Götterdämmerung« her, da sitzt die Pause bzw. mehrere gleichsam erhaben stockende Pausen sitzen zwischen Siegfrieds letzten Worten und dem Losgehen des erhabenen Heldeneingedenkens, so wie das ja immer wieder in der Oper geschehen ist seit Monteverdis »Orfeo«, wo die Pause an der Stelle »Die Seele deiner Liebe« – Viertelpause – »ist tot« ja, lieber Ben Ecki, so ist das nun mal, das Todessignal gibt.

Das haben Sie dann auch noch im Trauermarsch von Brittens »Raub der Lukretia«, nur steht die Pause diesmal in cis-Moll und also fast noch eherner, steinerner – und beinahe genauso ist es, wenn die Pause den Tod erst mal ankündigt, sehen Sie, das sehen Sie zum Beispiel im Hochgericht der »Aida«, wenn die Musik nach dem »Discolpati!« der Priester ebenso schreckhaft pausiert wie Radames selber – oder aber, wenn im »Otello« dieser im 4. Akt mit einem tückisch schleichenden f-Moll-Motiv auf die schlummernde – nicht einschlummern, Ben Ecki! – auf die lieblich schlummernde Desdemona zuschleicht und dann jeweils zwei Viertel Pause macht, bevor er weiter und immer weiter schleicht – oder aber schauen Sie die Pause in der Los-Szene des »Maskenball« an, die ja auch mit sicherem verdianischen Instinkt das Los Richards auf

Ein bewährter Trick des Richard Strauss

Paßt es Ihnen morgen um 10? Gut dann komm ich mal eben bei Ihnen vorbei.
Dieser Trick klappt seit 1905 in Dresden.
Salome III
RAU
VERI

den symbolischen Begriff bringt, jedenfalls *in nuce*, doch, so kann man sagen. Zigarette? Ach, Feuer haben Sie selber.

Ja ja, aber meint nicht in diesem Sinn sogar schon die unüberhörbare Pause nach dem 4. Takt des »Tristan«-Vorspiels diesen fernen, aber unabweislichen Tod? Und ebenso die geradezu heftige, fanfarenhafte, ja ich möchte sagen: schreiende Pause im 3. Takt von Strauss' »Elektra«! Diese gehetzte, mürrische, atemlose, ja in einem letzten Sinne fatalitätsprophezeiende Riesenpause sondersgleichen! Und sind nicht auf der anderen Seite auch sie tödlich, die stockenden, grübelnden und als solche geradezu strukturbildenden Pausen der Todverkündigung in der »Walküre«? Und keine zehn Minuten später ist Siegmund ja tatsächlich tot! Verstehen Sie nun, Ben Ecki, was ich meine? Ja?

Nun, dann wird es Sie vielleicht trotzdem überraschen, daß die Pause natürlich auch noch ganz andere Aufgaben hat. Die kleine, aber ominöse Zweiviertel-Pause im 1. Takt der »Verkaufte-Braut«-Ouvertüre etwa! Merken Sie was? Was ganz Neues spricht uns hier aus der Pause an, nämlich — wie soll ich sagen? Hören Sie gut zu, Ben Ecki — diese Pause Smetanas schildert fast paradox die Atemlosigkeit angesichts der kommenden Lustbarkeiten des tollen Tags, und da kommen sie auch her, nämlich — richtig, Ben Ecki! — aus der Ouvertüre zu »Figaros Hochzeit«, wo die Achtelpause nach den ersten fünf rollenden Tönen ja auch dieses Prinzip, nein, nicht: Hoffnung, sondern dieses Prinzip des pausenlos Stockend-Rumorenden, ja, so kann man es sagen, meint, ja — hier hat Smetana ziemlich scheuklappenlos adaptiert, um nicht zu sagen geklaut — indessen wir uns nun auf wieder eine neue Pause konzentrieren bzw. auf mehrere: die Pausen, die Susannas »Da bin ich« im 2. Akt kommentieren, nachdem die Zofe vor dem verdutzten Grafen aus dem Kabinett tritt, und die ja dann in eine gleichsam fragende Generalpause münden. Was könnten sie hier meinen, die Pausen, Ben Ecki? Jawohl, sie meinen nichts anderes als die ganze kokette Vertracktheit der lasziv-erotischen Situation in ihrer vollen prickelnden Pikanterie! Klar, *Goddam!*

Und nochmals etwas Neues und Erregendes finden wir in den Pausen jeweils gleich in den ersten Takten der »Zauberflöte«- und der »Don-Giovanni«-Ouvertüre. Im ersten Fall nämlich kündet die Pause — was? genau! — vom Erhaben-Ewigkeitlichen, ja Metaphysischen an sich, lieber Ben Ecki, Sie sagen es, angesichts dessen die Kleinheit des Menschen besonders unangenehm hervortritt — indessen die beiden großen Pausen der ersten »Don-Giovanni«-Takte eher vom Ewigkeitlich-Erhabenen künden, vom Numinösen auch, so wie es ja schon E. T. A. Hoffmit seinen Zeilen vom »Schauer des furchtbaren, unterirdischen regno all pianto« und von den »grausenerregenden Ahnungen des Entsetzlichen« optimal gesagt hat, auch Jean Paul kommt mit seiner Metapher

vom »Anbruch des Jüngsten Tages« ziemlich hin, am perfektesten sagt es aber wohl doch Mörike: »Wie von entlegenen Sternenkreisen fallen die Töne aus silbernen Posaunen, eiskalt, Mark und Seele durchschneidend, herunter durch die blaue Nacht!« — und ich bin sicher, Mörike hat dabei vor allem anderen diese eisigen Pausen im Auge gehabt!
Überhaupt Don Juan! Er ist und bleibt das *opus summum* aller Opern, auch pausenmäßig! Haben Sie schon mal — ja, ich bin auch gleich fertig — haben Sie schon mal dieser Pause in der Friedhofsszene nachgelauscht? Diesem unglaublich beredten Schweigen nach den ersten a-Moll-Worten des Komturs, bevor sich Don Giovanni endlich mit einem »Chi ha parlato« Luft zu machen traut? Toll, nicht? Unwahrscheinlich! Und doch, Ben Ecki, wird selbst diese Superpause noch übertroffen durch eine weitere, scheinbar winzige, täuschend kleinliche — ich spreche von jener punktierten Achtelpause, die dem Menuett in der Ball-Szene folgt, bevor das Orchester zum Terzett »Protegga il giusto core« überleitet. Und wenn Richard Strauss von diesen drei, vier Tönen Modulation gesagt hat, für sie gäbe er sein Frühwerk inklusive »Guntram« und »Feuersnot« hin — dann kann ich, ich, lieber Ben Ecki, nur laut ergänzen, für die Gewalt dieser kleinen Pause könnte Strauss auch gleich noch seine »Salome« und die »Elektra« samt ihrer großkotzigen Generalpause herschenken! Was wahr ist, muß wahr bleiben! Ehrlich! Myriaden, Äonen, ganze Spiralnebel scheinen auf dieser atomkleinen Pause zu lagern oder zu liegen bzw. hinter ihr, ja, an dieser Stelle bewahrheitet sich, *shut up*, Ben Ecki, weiß Gott das Wort: Reden ist Silber, Schweigen ist Gold — ja ja, die Pause, so eine gelungene Pause ist wie die Atempause des Weltalls, wie Systole und Diastole, wie gesagt, bzw. natürlich ist es gerade und genau genommen nicht Ein- und Ausatmen, sondern Ausatmen in der Ruhestellung zu neuem Einatmen, das uns ja vielleicht noch herrlichere Emanationen bescheren wird, bis es durch eine abermalige Pause gestillt wird, um wiederum in noch erleuchtetere Regionen zu schweifen, halten Sie immer, Ben Ecki, die Pausen in Ehren, üben Sie Pausen, Pausen wollen geübt und nochmals geübt sein, auf daß Sie vielleicht dereinst sogar noch Mozarts Pausenkunst übertreffen, aber freilich, *no sweat*, Ben Ecki, wenn ich Sie so anschaue, dann . . .«
Ja ja, so pflegte er daherzureden, der alte Knitter, wenn er auf seine geliebten Pausen zu sprechen kam . . . Dann wurde er Geschäftsführer der »Marino«-Bar in Fürth/Bayern . . . Jetzt ist er tot. Das große Pausenholen hat ihn hinweggestreift. Ja, wie gesagt, es erheischte eine gelehrtere und ingeniösere Schreibmaschine als die meine, die Tiefendimension der Opern-Pause wenigstens in Prosa zu gestalten, nachdem ich schon als Komponist kläglich gescheitert bin — aber was der alte Knitter da jahrelang von sich gegeben hat über die Pausen, das ist doch

mit Abstrichen schon mal ganz hübsch — jetzt sind die Musikologen dran! Ich meinerseits aber kann aus meiner gemeinsamen Erfahrung mit Frl. Daniel heraus für die Gestaltung von Opernpausen nur empfehlen: Champagner, Frankenwein, Pils, Calavados, Kalauern — und dann nochmals Sekt! Unwahrscheinlich, wie schlecht einem da wird!

Top-Don Giovanni

Von unserem
Sonderkorrespondenten

Mit einer eindrucksvollen Aufführung von Mozarts »Don Giovanni« im Nationaltheater wurden die diesjährigen Münchner Opernfestspiele glanzvoll eröffnet. Was den Rezensenten anlangt, den trieb die jubelnde Vorfreude schon am Vormittag ins Augustiner-Bräu, wo mein Freund Alois und ich zunächst jeder eine Maß tranken. Was würde heute abend nicht alles Wunderbares auf mich zukommen! O diese daimonisch-funkensprühende Ouvertüre, von Mozart in der Nacht vor der Uraufführung 1787 unter ständigem Punschgenuß hektisch-fiebrisch zu Papier gebracht, während Frau Konstanze dem Genius aus »Aladin und die Wunderlampe« vorlesen mußte! »Ein göttliches Wunder«, erahnte schon Mörike, es versetze uns in eine »Art von Rührung, ja von Stolz, vielleicht den glücklichsten und reinsten, dessen wir fähig sind . . .«
Gerührt und stolz bestellte ich noch eine Maß. Auch Alois schien gut aufgelegt. Ein nettes Lokal. Don Giovanni! *Opera assoluta!* Der Held ein »Dämon unter Bürgern« (Adorno)! Schon E. T. A. Hoffmann hast du Schauer, Ahnungen des Entsetzlichen — und doch auch Delirien höchster Wollust ins Herz gejagt . . . o diese nächtlich unirdisch funkelnden Koloraturen Donna Annas, die blitzenden Klangspiegel des ersten Finales, diese Integration von Heiligkeit und Rauschhaftigkeit . . . Wir bestellten noch eine Maß, und während — Inbild südländischer Lust am dahinrauschenden Leben — die Kellnerin am Nebentisch einen mächtigen Kreischer tat, erzählte mein Freund Alois den Witz: »Was ist falsch an dem Satz: Wir reaumiren-heit nach Daglfing'? Antwort: Es muß heißen: Wir fahren-heit nach Dagl . . .«
Geist des Dionysischen. Herzlich mußte ich lachen. Wir bestellten einen Steinhäger und eine Virginia. Ob sie noch Virgo war, Donna Anna, Jungfrau? Diese *grande dame fatale* ohnegleichen? O fluoreszierendes Gestaltenpanorama! Ottavio! Gralshüter gradliniger Grandezza. Elvira, *povera ragazza*, ob sie zur Not auch Ottavio einmal drüber . . .

Fragen über Fragen. Das Inkommensurable. Goethe ... Plötzlich sitzen am anderen Tisch drei Neger und haben eine dem Alois und mir unbegreifliche Freude. Und lachen und strahlen über die pechschwarzen Gesichter und zeigen die blitzblinkenden Zähne ... ja, *ridere e scherzar*, das ist das große Gesetz, *finch'han dal vino calda la testa ...*
Jawohl: *Una gran festa!* Wir bestellten noch jeder eine Maß. Dann muß ich wohl eingenickt sein, denn irgendwann weckte mich Alois: »Du mußt jetzt in die Oper, he! Auf geht's, da wird nicht geschlafen!« Nun, auch die Neger waren wieder weg, ich verabschiedete mich also von Alois, bestieg etwas zerknittert die Tram und befand mich plötzlich in Ramersdorf. Stritt eine Zeitlang mit dem Schaffner herum, weil der nochmals Geld wollte, fuhr wieder retour und erreichte bald darauf das Nationaltheater. Welch ein Lichterglanz! Aberschön! Der zierlich befrackte Logenschließer wies mich darauf hin, daß der 2. Akt schon am Laufen sei. Da! Tatsächlich! In seraphischer Schönheit drang das A-Dur-Terzett »Ah taci, ingiusto core« an mein Ohr, die vielleicht vollkommenste Komposition der Oper! Wie recht hatte Kierkegaard in seinem Don Juan-Essay: Man muß diese Musik »von weitem hören!« Ich setzte mich ein wenig zu dem reizend besorgten Logenschließer, wir kamen – ah, das große Es-Dur-Sextett! – ins Plaudern, und der alte Mann teilte mir mit, daß er mit seiner Arbeit in der Oper sehr zufrieden sei, nur sein Knie tue andauernd weh und die Altersversorgung mache ihm noch Sorge ...
Die Sorge ... das Nötigende ... Faust II – Nein! Dieser Tag sollte der Freude geweiht sein, und plötzlich saß ich also in der »Säge«, wo auch alle anderen bereits drin waren, der Alois, die Anne, der Mä, die Wurm-Brothers, der Cello, die Gerlinde ... nun, und da wurde es nochmals richtig nett, und wir schmetterten so allerlei weg, die Anne sah aus wie die Zerlina und die Elvira simultan bzw. synchron, Wurm I nickte mit dem Kopf wie der Komtur, der Alois lehnte an der Theke und erzählte Stories aus seiner Glanzzeit – ich aber griffelte, Mozartschem Eros folgend, noch ein wenig an der Gerlinde herum, weil ich sie irgendwo für Donna Anna hielt, so flammend wehrhaft stand sie am Zapfhahn, und später – – Alles in allem ein atemberauschender Abend. In den Hauptrollen überzeugten Ruggiero Raimondi (Don Giovanni), Margaret Price (Anna), Julia Varadi (Elvira) und Peter Schreier (Ottavio). Souverän am Pult waltete Wolfgang Sawallisch.

Hoch lebe Alwin Schönberg!

Zur Geschichte der Monotonie

Wenn wir heute halbwegs ausgeschlafen auf das weitgefächerte Spektrum der Operngeschichte schauen, dann fällt uns natürlich dies und jenes auf, die großen B's von Beethoven, Berg, Boildieu und Big-Bill-Broonzey z. B., freundlich lächeln uns die kleinen i's von Verdi, Mussorgski und abermals Big Bill Brunzi entgegen —

— eines aber erkennen wir vor allem, mit Verwunderung, ja mit einem Anflug von Ärger und Zorn: die vielen-vielen Tonwiederholungen gerade in den angesehensten unserer klassischen Opern, will sagen: den traurigen Fakt, daß ein und derselbe Ton oft mehrmals hintereinander gesungen, gestrichen oder sonstwie gezupft wird.

Was aber sollen diese Tonwiederholungen? Was ist das für ein Geheimnis? Nun — begonnen muß die Sache eben mit jener Klassik haben, vorher war nämlich noch alles in Ordnung. Siehe die E-Dur-Partita für Solovioline von J. S. Bach, in deren Thema kein einziger Ton zweimal vorkommt, gleich als ob Bach keinen bevorzugen oder beleidigen habe wollen, jeder Ton des alten Thomaskantors klingt gleichermaßen fröhlich zum Himmel auf, *ad maiorem Dei gloriam:* Jeder Ton ist vor Gott gleich — und gleich lustig. Überzeugen Sie sich:

Dieselbe Gesinnung leitet noch Jahre später den alten Papa (»Joseph«) Haydn. Das Thema seiner Paukenschlag-Sinfonie zählt 18 Töne, keiner gleicht dem anderen, alles wild durcheinander — wie Gott will:

Auch Gluck beginnt sein Schaffen solid in bunter Tonfolge — sehen Sie einen Ausschitt aus »Orpheus und Eurydike«:

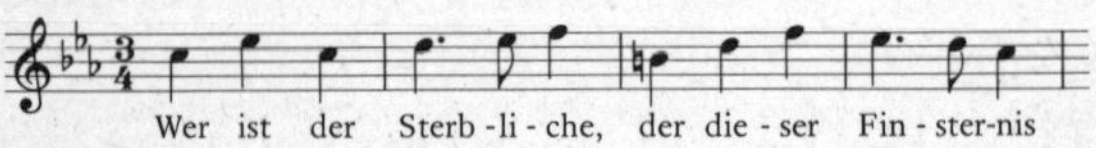

Aber schon in der »Alceste« reißt es ein mit den Tonwiederholungen — »Weine, Volk Thessaliens«, singt der Chor: Ist es nicht wie ein großer ominöser Symbolismus?

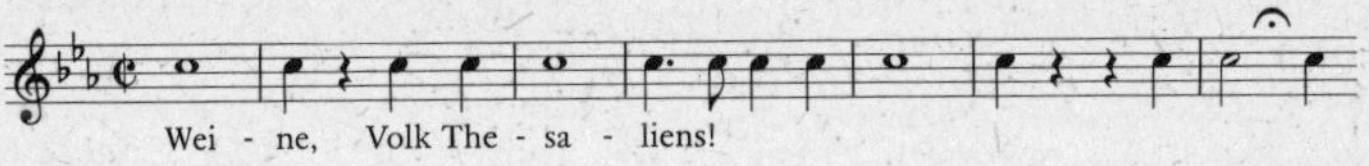

Traurig, traurig — Gluck sollte sich davon nie mehr ganz erholen. Die schmerzliche Analogie haben wir bei Mozart. Auch bei ihm beginnt alles ordentlich. Elf vollkommen verschiedene Töne vermag das Wunderkind schon in der ersten Arie seiner Kinderoper »Bastien und Bastienne« sehr artig hinzuzaubern und berechtigt zu schönsten Hoffnungen

— aber dann kommt die Krise mit Aloysia Weber, anbahnt sich der Bruch mit dem Vater, der nun nicht mehr bei den gröbsten Schnitzern hilfreich ausbügeln kann — und Mozart verliert den Faden. Schon in der »Zauberflöten«-Ouvertüre passiert ihm der Lapsus, das Es sechsmal hintereinander anzuschlagen

— und dann hat der sanfte Mozart Blut wahrlich gerochen. Noch kommt er in der »Figaro«-Ouvertüre mit kleinen Sekunden knapp an der völligen Monotonie vorbei — aber endlich im »Don Giovanni«, mit dem Auftreten dem Komturs, ist es mit Mozarts Schlagfertigkeit im Melodienerfinden getan:

So geht die Friedhofsszene — und beim Abendessen wird es immer schlimmer: Zehnmal knödelt der Steinerne Gast auf demselben Ton A herum

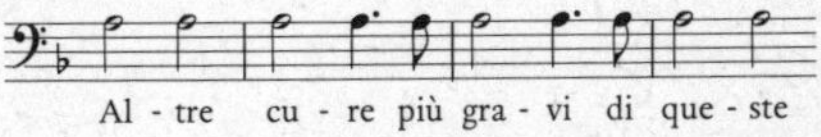

— dann wechselt er, Gipfel des Unvermögens, um *einen* Ton auf H hinüber. Kann man es Mörike verdenken, wenn er von dem »ganzen langen entsetzensvollen Dialog« redet?

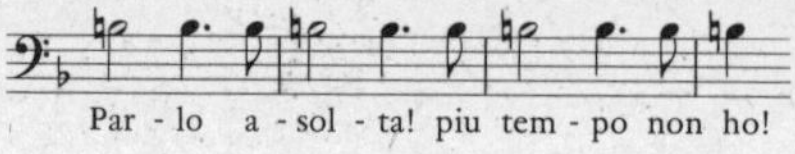

Der Skandal ist da – und gibt sich unverschämterweise noch als düstere Atmosphäre, als hochwertige Ausdruckskunst! Ja, Pfeifendeckel! Trägheit, Einfalt, Altersschwäche sind's, die hier residieren! Ihnen wirft sich sofort auch der junge Beethoven an den Hals, wenn er den »Fidelio« – ja: »komponiert« kann man schon kaum mehr sagen; wobei er, typisch pervers, »das ewige Pochen« selber »zum Henker« wünscht!

– aber im sinfonischen und Klavierwerk ist es noch psychotischer. Das 4. Klavierkonzert beginnt mit fünf H's, die Waldstein-Sonate mit 13 F's – und im Poco sostenuto des 1. Satzes der 7. Sinfonie hat es einmal hintereinander 61 F's! Ja, wenn man natürlich nur Skat und Tarock im Kopf hat! Eine schon äußerst schlüpfrige Hommage ...

Gott sei Dank hat Beethoven nur eine Oper geschrieben – und Schubert, der das Prinzip der Tonwiederholung gierig aufschnappt und es (siehe die Wanderer-Fantasie!) zum dominierenden Baustein seiner Kompositionen macht, so gut wie keine oder nur zu Recht verschollene. Das wäre was geworden, gut Nacht, schöne Bäuerin! Beethoven und Schubert terrorisieren mit ihrer Monotonie fortan die Welt der Sinfonik – ihren Part auf dem Gebiet der Oper indessen übernimmt stracks – werfen wir damit einen Blick auf Italien – Giuseppe Verdi:

So, mit acht stupiden C's, scharrt's im »Rigoletto« los, den gleichen Schmäh greift sofort der Titelheld mit seinem »Der alte Mann verfluchte mich!« auf. Schnarrt's nicht wie eine Bankrotterklärung jeder Lebensfröhlichkeit und Gottseligkeit dazu? Man stelle sich mal vor, wie dieser an sich sehr gute Text zur Melodie »Fuchs, du hast die Gans gestohlen« geschwelgt hätte! Viel viel expressiver! Aber einmal fündig geworden, bleibt natürlich ein Bauer wie Verdi dabei. So im Hexen-Gepflocke des »Macbeth«:

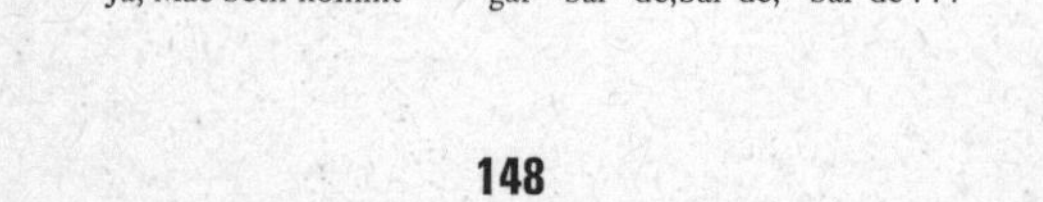

Und so, besonders laut krachend, in der Ouvertüre von »Macht des Schicksals«:

Eine Idee, die Leonora in ihrer ersten Arie voll Rohr übernimmt:

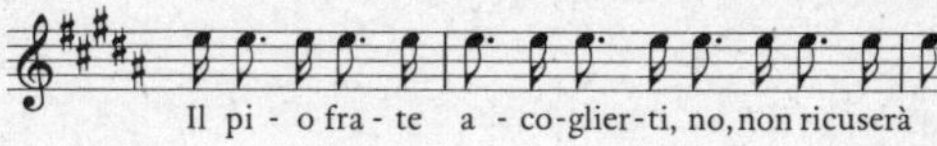

Gräßlich. Wozu dann überhaupt noch fünf Kreuze? Und so geht's weiter im »Don Carlos«, wo die Monotonie sogar zu einer Art Titelmelodie gerinnt, bis sie endlich den kleinen Sprung vom C zum Cis schafft, ein wahrer »Halbton des Kummers« (Jean Paul) – des Kummers nämlich über die eigene Impotenz:

16 C's bringt Eboli in ihrer warum auch immer berühmten Arie zusammen:

– und beim Abschied zwischen Don Carlos und der Mutter ist es schon ein einziger Trauertran:

»Aida« versucht es erst mal mit einem 17mal wiederholten Trompeten-F:

14 D's rafft sofort Radames zusammen:

Dann gerät erstmals sogar Beethovens Weltrekord ins Wanken: 34 E's hintereinander gebiert der Kriegerchor — was mag das für eine langweilige Schlacht werden!

Man kann das gar nicht in eine Zeile kriegen — und endlich, mit dem Triumphmarsch, ist es geschafft, und Beethovens alte Rekordmarke fällt: 76mal das Es hintereinander bläst die Trompete —

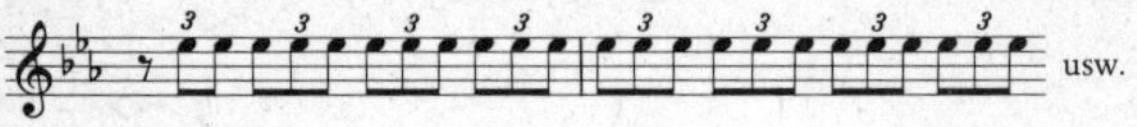

— aber natürlich ist das ein Strohfeuer ohne Energie noch Dynamit, und logisch beschließt also Amneris die Oper mit den besinnungslos gehauchten Worten »Frieden, Frieden« — und im Zeichen subalternster Monotonie.

Deren Apotheose feiert, in einer Mischung aus Altersstarrsinn und angeborener Gedankenblässe, Verdi freilich erst recht im »Otello«, der nachgerade zu *der* Oper der Monotonie vergreist. Otellos Tod ist nicht nur das bekannteste Exemplar dafür — es ist auch Symbol der Tödlichkeit einer solch faulpelzhaften Art des Komponierens:

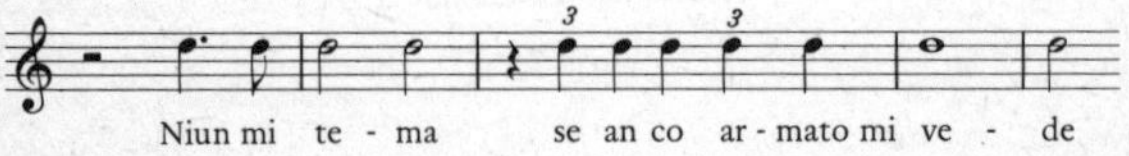

Ausgerechnet Desdemona aber ist es vorbehalten, gleichfalls anläßlich ihres Todes, auch noch den Rekord in gesungener Monotonie zu brechen, den bisher der Marquis Posa mit einem 28mal wiederholten A zum Rezitativ »Rinfranca accanto a me« hielt. Desdemonas »Ave Maria« bringt es auf 44mal das tiefe (!) Es:

Es ist zum Erdrosseltwerden, aber die Epigonen und Aftervasallen

Verdis halten sich natürlich erst recht dran. So der hochunbegabte Puccini schon bei der Arie vom eiskalten Händchen:

Und *damit* – unglaublich! – hat Rudolf Mimi fest in der Hand. Na ja, wenn eine schon so einen tonwiederholenden Namen hat: Mi-mi! Im 3. »Bohème«-Akt derselbe Unfug:

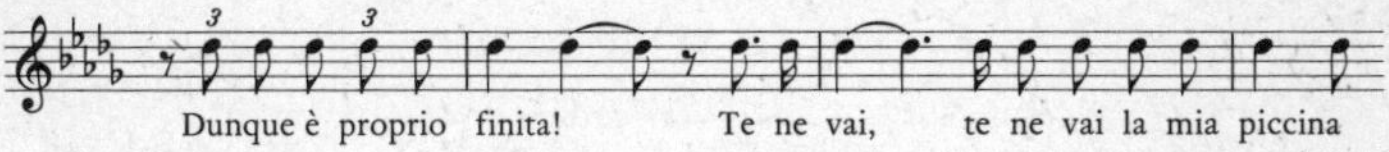

Auch in Deutschland ein wahres Sich-Suhlen in Monotonie – nebst Rekordversuchen an allen Fronten. Albert Lortzing versucht es überaus albern mit einer Zaren-Kantate:

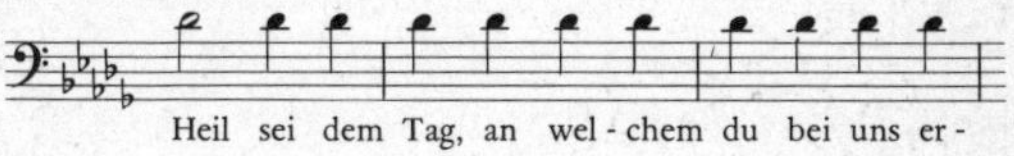

Und natürlich ist auch der alte Wagner-Wurstel mit von der Partie. Zuerst riskiert er à la Verdi im »Tannhäuser« ein Trompetensignal (neunmal hintereinander F's), dann scheitert der Titelheld in der »Romerzählung« nach 19mal Es – bei dem Wort »Venusberg« geht dem alten Saubären die Stimme hoch (hoffentlich sonst nichts):

Überhaupt werden die Rekordversuche bei aller Penetranz langsam immer kläglicher. Schon nach zehnmal Cis gibt Richard Strauss im »Rosenkavalier« auf:

– und die Rose geht in die Hose, und schon nach dem achten Mal bricht Ariadne auf der Insel Naxos ab:

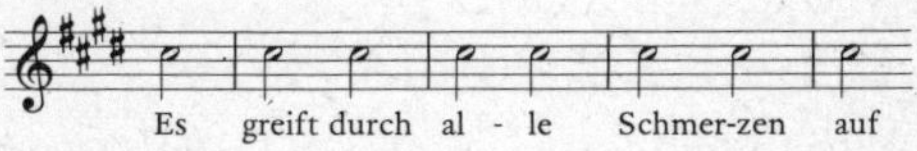

O weh, o weh, o weh, achtmal Schmerz und Wehe! Gegen Verdis Spitzenleistungen ist einfach nicht anzukommen – und so konnte es also nicht weitergehen. Aber anders. Klar, daß im Zuge der vom Expressionismus und von Franz Kafka geforderten Erneuerung des Menschenbildes auch musikalisch was geschehen mußte – und es geschah auch was! Und wie! Alwin (»Putzi«) Schönberg, der Oberstudiendirektor der Wiener Schule, war es, dem beim abendlichen Schlurf durch den Weanerwald Gott selber eine Stimme sandte, die Stimme aber, weißt du wohl, schrie so schrill und zäh »Zwölftonmusik, Alwin, nicht Elf! Zwölf!« – daß Schönberg heimrannte und noch in derselben Nacht, nein, keineswegs von seinen Knechten umgebracht wurde, sondern eben die Zwölftonmusik erfand, genau, die Zwölftonmusik, wie wir sie heute noch haben, und die in etwa besagt, daß unter Androhung von Todesfugen und Opernhausverweis kein schon einmal verwendeter Ton wieder auftauchen dürfe, ehe nicht alle anderen elf Halb-Töne auch schon mal dran waren. Und Schönberg machte sich sofort ans Notenpapier, schrieb den Einakter »Von heute auf morgen«, in dem erstmals in der Oper dies serielle Prinzip der Ton-Parität ausprobiert wurde, und weil's so schön war, legte sein Erfinder zwei Jahre später gleich noch eins auf, »Moses und Aron« (1932), und das Ganze sah dann so aus:

Göttlich! – kein Ton gleicht dem anderen Apfel wie ein Ei, ja, das war das Ei des Columbus – das war sie, die Revolution des zentraleuropäischen Notenbilds! Na ja, *sooo* schön klang's zwar auch wieder nicht – auch haben Schönbergs Schüler einige troubles, dem Meister zu folgen, so Arthur (»Petzi«) Berg geradezu sinnbildhaft im Wirtshaus-Chor des »Wozzeck«:

(Man sieht direkt, wie schwer's ist, sich von der Eintönigkeit zu lösen: Ein Teil der Sänger will recht hoch hinaus, der andere kommt halt nicht vom C los) – aber immerhin, ein neuer Anfang war gemacht, und schon kurz darauf gestaltete George (»Tom«) Gershwin aus den USA das Ganze entschieden sinnfälliger:

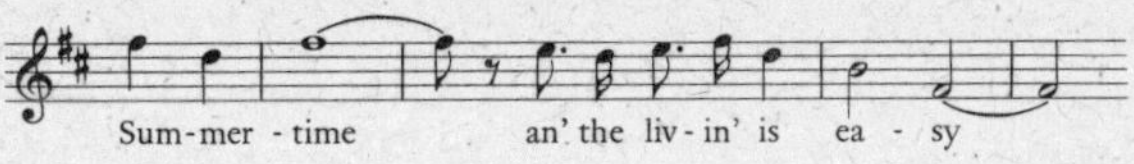

Richtig, so geht's doch auch: bremsig, geil und sogar ein bißchen erotisch — und zwar gab's dann noch einige Renegaten wie etwa den reaktionären Carl Orff (»Carmina burana«), die sich in die alte Monotonie Oblomowscher Schläfrigkeit zurücksinken ließen

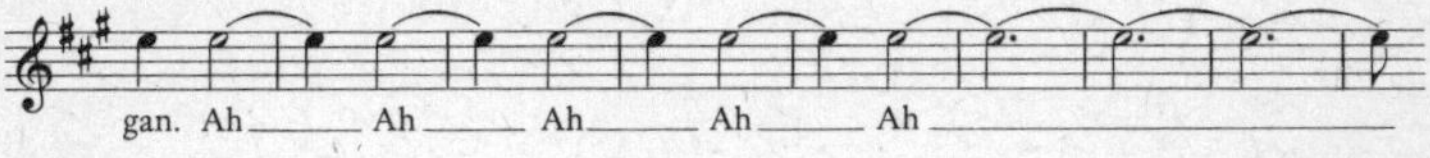

— aber insgesamt hat die Musikwelt (was vielleicht unseren Bundeskanzler besonders interessieren wird, ihm gilt auch an dieser Stelle unser allerfreundlichster Gruß: Grüß Gott, Herr Bundeskanzler) ihre Krise überwunden, die, wenn wir es halbwegs ausgeschlafen (aber bitte nicht zu sehr) noch einmal betrachten, darin bestand, daß: kaum die Musik erfunden war, es den Menschen schon wieder zur Eintönigkeit zurückdrängte. Und das war vielleicht sogar besser so. Bzw. im Gegenteil — Alwin (»Putzi«) Schönberg gebührt die Ehre! Er brach den Bann. Er war es, der das ganze eintönige Wesen mit einem großen Wiener Besen aus dem Lande fegte. Aber andererseits: Hatte es wirklich dieser Radikalcour bedurft? Dieses, ehrlich gesagt, degoutant intransigenten Puritanismus der Dodekaphonie? Wir — und das heißt: ich — meinen bzw. meine: Nein! Monotonie von 1780 bis 1930, das war nichts — aber dies chromatische Zwölftongequake ist schon gleich gar nichts! Aber — gibt es nicht ein Drittes?

Ein Drittes, das die Idee des cartesianischen Maßes ebenso in sich vereint wie die Legierung von Monoheit und Polyheit, mit einem Wort: den goldenen Schnitt? Alle wollten sie entweder *ganz* genial sein oder *ganz* dumm, diese Tondichter — keiner fand bislang das rechte absolute Mittelmaß. Keiner? Keineswegs! Einer traf es kürzlich, bei seinen Wanderungen zwischen Klassik und Romantik, Piano und Forte, von Polen nach Frankreich — ah, Sie erraten es schon, jawohl, es ist einer unserer besten Nachwuchsmänner —: Vorhang auf für Fritz (»Freddy«) Chopin und sein jüngstes Werk, das Regentropfen-Prelude! Ein Werk, in dem sich 25 947 Tonwiederholungen auf dem Baß-Gis lieblichst mit einer kunterbunten Diskantmelodie verschwistern, Beethoven mit Bach feuchtfröhlich verbrüdern, den dumpf plumpsenden Regen mit einer ruhelos im Haus herummigränierenden George Sand vermählen — darüber hinaus den Geist des Hellenentums mit dem des Steinhuder Meers, Monokel mit Polyglotterie, Freiheit mit Sozialismus — und dies ist ja die vornehmste Aufgabe von Kunst überhaupt! Oder? *N'est-ce-pas?* Leser,

Brillen aufgesetzt, Regentropfen-Prelude in den Musikschrank gesemmelt, Hände flach auf den Tisch, Ohren in Erwartungshaltung, Zähne gespitzt, Herz gereinigt –
Und ab geht die Post: Dada dodo düdü dudu –
Ah! – – –

Herzklopfen

»Wer komponiert das schönste Herzklopfen?« Mit dieser Frage hatten wir seinerzeit einen offenen Wettbewerb ausgeschrieben, hatten wir die weltstärksten Opernkomponisten angeschrieben – und alle, alle hatten geantwortet. Der eine mit der Beschimpfung, so was Blödromantisches vertrage sich nicht mit seinem Image als Sozialrevolutionär – der andere mit der Ausrede, er sei nicht dazugekommen, aber das Preisgeld könne er eigentlich schon brauchen. Wieder andere entschuldigten sich mit zu starkem Herzklopfen beim Komponieren, sie könnten einfach den Griffel nicht halten – und einer, Richard Wagner, teilte mit, er habe tatsächlich gerade eine Arie »Wie jetzt mein Busen hoch sich hebet« für den »Tannhäuser« in Arbeit, sie werde aber mit zum Einsendeschluß nicht ganz fertig, und wenn die Jury noch ein bißchen zuwarten wollte, dann werde er einen Bombenlösung . . . Seien Sie zufrieden, Herr Wagner: Sie hätten das Thema (wie so oft) sowieso knapp verfehlt! »Herzklopfen« hieß die Aufgabe! Nicht »Busenheben«!
Drei aber, drei Komponisten haben wirklich ihre Arbeiten eingeschickt – und alle drei haben gewonnen:
Einen guten 3. Preis sicherte sich Giuseppe Verdi aus Le Roncole mit einem stramm-erregten »Perquè mi balza il cor – warum schlägt mein Herz so wild?«, das Verdi eine gewisse Elisabetta in seiner Oper »Don Carlos« schmettern läßt, als sie in einem angeblichen Boten des Bräutigams Don Carlos eben diesen selber ahnt. Verdis Hinweis, er habe übrigens auch in seiner »Aida« dem Feldherrn Radames ursprünglich ein zages »Oh! Perquè il cuore mi palpita cosi?« in den Mund gelegt; dieses dann aber, weil er vom Preisausschreiben noch nichts gewußt habe, leider später durch sein weltbekanntes Rezitativ »Se quel guerrier io fossi – O wäre ich erkoren« ersetzt; wir könnten aber die Urfassung jederzeit im Archiv seiner Villa einsehen – dieser Hinweis konnte für die Preisvergabe nicht mehr berücksichtigt werden. Wir haben uns zwar freiwillig überzeugt: Die Version hängt dort wirklich an der Wand des Wohnzimmers von Sant' Agata – aber ein 3. Preis, Herr Verdi, ist

doch auch ganz ordentlich! Wenn einer schon eine solche protzige Villa hat!

2. Preisträger wurde W. A. Mozart, der uns gleich einen ganzen Sack Herzklopf-Piecen aus seinen Opern schickte. »O wie ängstlich, o wie feurig klopft mein liebevolles Herz« — bimbim da bambam, so ahmt Mozart das Herzklopfen in der »Entführung« sehr nett und klopfmalerisch nach. »Mi trema un poco il cor«, läßt er Zerlina im »Don Giovanni« äußerst niedlich daherreden. »Mi trema il core«, jammert in der gleichen Oper Leporello vor der Komtur-Friedhofsstatue und das Orchester ahmt mit Achteln hübsch die Herzschläge nach. »Senti lo battere?«, fragt wiederum Zerlina siebenmal (!) ihren Masetto und führt ihm sogar die Hand ans diesmal 16tel-klopfende Herz. »O Dio! Le batte il cor — wie das Herzchen im Busen pocht!« — so lauschen in »Figaros Hochzeit« der Graf und Basilio an der Brust Susannas — und mit einem »Wie klopft das Herz im Busen mir« berennt seinerseits Figaro im 4. Akt seine Braut. »Perquè batte, batte, batte qui?«, schäkert Guglielmo in »Cosi fan tutte« von 16tel-Stakkati untermalt mit Dorabella — und die balzt kombattant zurück: »Che mai balza, balza, balza qui?« — und das Ganze dann gemeinsam: kurz, lauter sehr schöne Herzklopf-Exemplare, die uns W. A. Mozart da eingesandt hat. Und doch hat es nicht ganz gereicht:

Den 1. Preis nämlich gewann trotz aller Mozartschen Fleißarbeit kein anderer als der berühmte Franz Lehár mit seinem Lied »O klopf nicht so stürmisch, du zitterndes Herz« aus »Land des Lächelns«. Wobei, nach dem Votum der Jury, »die besondere Raffinesse dieses Herzklopfens in der Souveränität begründet ist, weder das Klopfen noch das Zittern des Herzens noch sonst irgendeine Regung sei's klangmalerisch, sei's sonstwie in Noten zu bannen. Sondern, wenn der Text nicht vom Herzklopfen redete, wüßte man's nicht — diese Musik würde zu jedem anderen Inhalt auch passen. Eine Meisterleistung, die noch das bisher maßgebende Modell für das musikalische Herzklopfen, den Schlager ›I möcht' gern dei' Herz klopf'n hör'n — bumm, bumm!‹ in den Schatten weist«.

Gratulation für Verdi: Weiter so! Küß die Hand, Mozart: Weniger wär' halt eventuell mehr gewesen. Herzlicher Glückwunsch vor allem an Lehár: Ambitionsloser, schamloser, insuffizienter geht's einfach nicht mehr! Allenfalls im Fernsehen.

Nachrichten

Gescheitert ist der Versuch des Freizeit-Wagnerianers Lothar Römer, den offiziell zugelassenen 218 Leitmotiven von Wagners »Ring« drei neue anzufügen. Das Haus Wahnfried lehnte sowohl »Siegmunds behutsames Geilheitsmotiv« als auch das »Motiv der allgemeinen Lebenssattheit« und »Wotans Rumhäng-Motiv« (»ein gewisses unterirdisches Brummen in der Götterdämmerung«, so Römer) als »ungeeignet, das Image Richards aufzumöbeln – und Sie wissen, daß das nun mal unsere Kohlen sind« – ab.

Gut lachen hatte Opernkritiker Joachim Kaiser, als er merkte, daß bei seinem 625. Besuch des »Rosenkavalier« Carlos Kleiber noch »mitreißend enthusiastischer, schattenlos jubelnder, elementar-phantastischer, großartig-waghalsiger, dämonisch-banger, herber und größer erregt-archaisch« dirigierte als beim 618. Male.

Wie uns der Authentische Verdi-Fan-Club Neuhausen, z. Hd. Stephan Meyer, ziemlich indigniert, ja entschieden rüpelhaft mitteilt, hat der Maestro außer Monotonie (siehe unseren Aufsatz »Hoch lebe Alwin Schönberg!«) hin und wieder auch das Gegenteil komponiert. Im »Aida«-Finale »O terra addio« sollen nach Angaben des AVFCN hintereinander 11 verschiedene Töne auftauchen. Wir wollen diese Information nicht nachprüfen, bleiben aber jedenfalls bei unserer Meinung.

Vor-Torschluß-Überlegung

Was aber wäre, wenn Donna Anna schon im 1. Bild Don Giovanni sehr wohl erkannt hätte? Ihr Wissen indessen Ottavio verschwiegen hätte? Diesen zum formellen Racheeid »gegen Unbekannt« aufgefordert hätte, in der heimlichen Hoffnung, der Täter werde erstens nie gefaßt und Don Giovanni käme (schon aus Dankbarkeit?) zweitens erotisch auf sie zurück? Indessen dieser nicht daran denkt, bei der nächsten Begegnung nur vorsichtig-munter daherplaudert – was Anna in eine solche Wut-Enttäuschung manövriert, daß sie nach dem Quartett des 1. Akts Ottavio gegenüber *so tut*, als habe sie Don Giovanni – gerade jetzt erst! – wiedererkannt? Womit das Explodieren der Musik nicht Annas Erkenntnis-Schock beschriebe, sondern erstens ihren tödlichen Groll, ihre maßlose Enttäuschung, oder auch zweitens nur vorgetäuschten Affekt? Wonach Anna Ottavio die Geschichte der Nacht (offenbar nur halbwahr) erzählt, nicht damit der Verlobte den Mord am Vater und die versuchte

Vergewaltigung räche – sondern Don Giovannis Desinteresse an Anna tödlich bestrafe?
Unterstellt man, daß Donna Anna ein sehr disziplinierter *und* leidenschaftlicher Mensch und eine gute Schauspielerin obendrein ist: nichts spräche gegen diese Deutung.

Das letzte Schnauferl

Formen des großen Abgangs

Es ist wie im Leben. Die einen verglühen still und sanft wie das Schulmeisterlein Wutz – die anderen schrill und schreiend, stillos eben, wie sie herumgelebt haben. Mit einem wahren Karwenzmann von einem hohen B fällt z. B. Tosca die Engelsburg runter – noch einen halben Ton höher, das H, wählt zu ihrem Sturz ins Meer die »Holländer«-Senta. Im übrigen ist, so wie Don Juan sein letztes D nicht halten kann und quasi die halbe Tonleiter durchfurcht, zum Sterben offenbar jeder Ton recht. Violetta Valery stemmt als letzten, wie Tosca, ein hohes B heraus (»Oh gioia!« – schön blöd!); Isoldes letztes Wort ist Fis (sehr schön – Prousts Madame de Guermantes hat schon recht: »Selbst in ›Tristan‹ kommt hier und da eine recht gelungene Stelle vor.«); Aida und Radames verweilen auf einem behaglich warmen Ges (das auch Hans Castorp in Thomas Manns »Zauberberg« ganz »außerordentlich wohl« tut); die Leonore der »Macht des Schicksals« verabschiedet sich mit einem apartseltenen Fes; jeweils mit heftigen Flüchen der »Freischütz«-Kaspar auf E und Leonorens Vater Marchese auf Cis, Tristan und Tannhäuser ihrerseits beide auf D – jeder eben, wie er meint, das ist der Kunst-Pluralismus, nein, da ist kein System zu erkennen.
Aber es gibt Überraschungen. Die Soprane der Desdemona und der »Troubadour«-Leonore bringen zuletzt nur mehr ein tiefes Es zusammen; der »Maskenball«-Tenor Riccardo, nachdem er sich nochmals zum hohen B hinaufgeschraubt hat (und *wie* er werkelt!) – versinkt sogar phlegmatisch auf einem tiefen Baß-B. Man sieht, beim Exitus zerbröckeln die glänzenden Fassaden, da kommt die Wahrheit raus.
Überaus sinnig auf dem gleichen Ton Des bzw. Cis verdämmern Siegfried und Brünnhilde, indessen der Troubadour Manrico und seine Alte genau 1 Oktave auseinanderliegen – auch nicht schlecht. Einer anderen Gruppe, vor allem bei Verdi, mißlingt der letzte Ton: Gildas brechende Stimme erreicht das tiefe Des nicht mehr; Posa scheitert gleichfalls am Schlußton Des und bleibt auf dem C hängen; Otello

Ein Nachmittag bei König Ludwig

3
WOTAN: BRÜNNHILDE STÜRME ZUM KAMPF, DEM WÄLSUNG KIESE SIE SIEG!
4
OH HALTET INNE, MEISTER, ES IST GAR ZU SCHÖN
JCH BIN VIELLEICHT FERTCH! MEHR LES'CH ABER NICH, MEI GUDESTER. NU WOLL'N WER MAL SUCZESSIVE UF DE FINANZEN ZU REDN GOMM
KEUCH KEUCH

schafft vollkommen schlapp nicht einmal das tiefe E. Abermals ist es wie im Leben: Ein Teil fühlt sich noch topfit, der andere kann aber schon rein gar nichts mehr. *Rien ne va plus, les jeux sont faits, c'est la vie ...*

Und verbal? Sehr korrekt mit einem »Ich sterbe« suchen der Zar Boris, Scarpia und die »Troubadour«-Leonore das Weite* — auch nicht falsch liegen Senta mit »Tod«, Aida und Radames mit »Himmel«, Boitos Faust mit »Ewigkeit« und Verdis Jungfrau von Orleans mit »Sonne«. Für ein artiges »Addio« entscheiden sich neben Verdis Riccardo, Medora (»Il corsaro«) und Ernani auch Bellinis Norma, mit »Ah« begnügen sich z. B. die »Macht des Schicksals«-Leonore und Posa. Mit einem »Heinrich!« fährt das »Mefistofele«-Gretchen von dannen, mit »Maria!« Simone Boccanegra. Carmens letztes verständliches Wort ist merkwürdigerweise »Da!« — unwürdig, wie sie gelebt hat, geht sie dahin.

Einige Operisten ziehen es vor, hinter der Bühne zu sterben: so Lucia di Lammermoor, die »Tannhäuser«-Elisabeth, der »Cavalleria«-Turiddu und der »Parsifal«-Titurel. Wieder andere wollen es nochmals genau wissen, zahlen aber drauf. So Elektra, die ihrem letzten Wort nach eigentlich »tan-zen« (Ais' — Fis) will, aber dieser Dezimensprung kann natürlich nicht gutgehen: Sie »tut noch einige Schritte des angespanntesten Triumphes und stürzt zusammen«. Übernommen hatte sich auch schon im 2. Aufzug des »Parsifal« Kundry mit ihrem Riesensprung H' — Cis: im 3. Aufzug sackt sie einfach wortlos um. *Sic transit gloria Kundry ...*

Etliche sterben annähernd wortlos, so Carmen inmitten eines undurchschaubaren Bühnengewürges, so Siegmund, der »mit einem hörbaren Todesseufzer« abgeht.

Nun, das geht an. Vollkommen lautlos aber verscheidet nur eine winzige Minorität. Und zwar — sollte eine Revision der Popularpsychologie fällig sein? — lauter Frauen! Es sind dies außer Kundry Elsa von Brabant, Mimi und Daphne:

EHRE IHREM NAMEN!

* Andere kündigen ihren Tod zwar mit den gleichen Worten an, tun aber nichts desgleichen. Die systematische Erfassung dieser Halbherzigen ergäbe einen neuen Essay — einige Tips seien Interessierten zur Hilfe mitgeteilt: Figaro und Dorabella (»io moro«), Donna Anna (»io moro« und »son morta«), Idomeneo (»il col mi si divide«) — und natürlich darf auch hier Riccardo (»Maskenball«) nicht fehlen: »Mi schianto il cor ...«

Meine Lieblings-Opernschnarcher

So, und jetzt möchte ich mal ganz persönlich werden, dieses ewige Abfassen von geschliffenen Essays geht mir schon lang auf den Wecker. Bzw.: warum renne ich in Wirklichkeit andauernd in die Oper? Umgekehrt gefragt: was hält mich drin? Noch präziser: *wer?*
Nun, einer meiner liebsten Lieblinge und fast der Hauptgrund, »Figaros Hochzeit« immer wieder zu besuchen und drinzubleiben, ist nämlich der Richter und Tenor Don Curzio. Jawohl, Don Curzio. Wie er da – und schon gleite ich ins Schwärmen – zwar stotternd, aber immerhin den Prozeß führt, sofort und souverän die Übersicht verliert, das mögen ihm andere noch nachmachen; wie er aber dann, während alle Welt sich in F-Dur über den wiedergefundenen Sohn Figaro freut, knallhart und grundlos zum gefoppten Grafen hält und (als einziger!) mit ihm im Oktavenabstand in ein glanzlos wehes Ges hinübermaunzt (»Die heftigen Leiden erfüllen die Seele mit bitterem Schmerz«) – das eben hat Treue, Chuzpe und jene hirnlose Kurzköpfigkeit, jenes Syndrom institutionalisierter Absenz, dem Don Curzio im 4. Akt auch dann noch die Stange hält, wenn alles durcheinanderwackelt (»Staunen erfaßt mich und Entsetzen«) und gleich drauf wieder zu massivster Harmonie sich reimt. Ja ist nicht unter allen 11 am Schlußchoral »So blühet uns allen das herrlichste Glück« Mitwirkenden die Stimme Don Curzios die traumhafteste? Dieser alte Ungut im herrlichsten Glück! So sollen eben Richter sein! Unbarmherzig, notfalls flexibel und also glücklich.
Eine Pfeife, die Don Curzio als solche nahekommt, ist der Hausdiener Franz in »Hoffmanns Erzählungen«; auch er Tenor, auch er verdammt zur Ignoranz, geplagt zusätzlich durch Taubheit – und doch, *wie* hält er die Stellung! »Tralalalalalalalalalala«, so ächzt er sein Couplet vor sich hin, »Ich singe gräuslich, meiner Treu«, und doch: welche Grazie, welche Koloraturen, welcher Sonnenuntergang von einem irisfarbenen Wetterleuchten! Nur einer unter allen Operndienern stellt Franz fast in den Schatten, Vespone in Pergolesis »La Serva Padrona«: Der singt nämlich die ganze Oper über sturheil überhaupt nicht, wird vielmehr als Hauptmann verkleidet – und hat am Ende trotzdem nichts zu bestellen.
Ein Mann, der wahrlich weiß, wo's garantiert nicht langgeht.
Bei Wagner ist mir, knapp vor Biterolf (»Tannhäuser«), ehrlich gesagt der alte Meistersinger und Seifensieder Hermann Ortel der liebste. »Hermann Orthel?«, ruft Kothner auf – »Immer am Ort!«, kontert Ortel flausenlos wendig. Was eine Pflaume! Besser kann man Nürnberg gar nicht mit Worten treffen! Ortel zur Seite stelle ich allenfalls jene »drei Spieler«, welche das unschöne Durcheinander im 3. »Arabella«-Akt

lediglich mit einem flegelhaft-pikanten, ja mit allen Wassern gewaschenen »Oho! Oho!« kommentieren, um sich sofort wieder an den Spieltisch zu verziehen. Ich sage nur: O Hottentotten!
Unter Verdis Insinuierendsten war mir lange Jahre der Alte Zigeuner aus dem 2. Akt des »Troubadour« der charmanteste. Acuzena hat ihre Flammen-Ballade geendigt, Ratlosigkeit rüttelt die Zuhörer, Peinlichkeit würde heute noch plagen, hätte nicht der Vecchio Zingaro mutig das Wort ergriffen: »Frisch auf denn, ihr Gefährten, laßt froh uns weiterziehn, der neue Tag bringt uns neuen Gewinn!« – tsching-tsching-tsching – und schon geht die Handlung weiter und der alte Zigeuner einen heben.
Verdis »Don Carlos« muß man sehr oft gehört haben, ehe man ahnend erfaßt, welch ein unglaublicher, nachgerade ingeniöser Schnarchsack uns in der Gestalt jenes Mönches entgegentritt, der in der Kapelle von San Juste auf dem Betstuhl herumlungert und in Fis(!)-Dur sein »Misericorde Iddio« heruntergreint: um endlich nach unaussprechlich satten Melodienkurven auf dem tiefen Fis vollends einzuschlafen. Und dies schon in der Morgenandacht! Das nenne ich Charakter, Charmanz, Charisma! Ja, ist es nicht wie eine Kurzfassung dieser ganzen sämigst verschnarchten Oper selber? Evviva Verdi!

»Der, welcher wandelt diese Straße voll Beschwerden,
Wird rein durch Feuer, Wasser, Luft und Erden;
Wenn er des Todes Schrecken überwinden kann,
Schwingt er sich aus der Erde himmelan.
Erleuchtet wird er dann imstande sein,
Sich den Mysterien der Isis ganz zu weih'n.«

Wohlgemerkt: Über einer Fuge (!) heben die zwei Geharnischten der »Zauberflöte« ihren Gesang im Oktavenabstand an, der Tamino zur zur Feuer- und Wasserprobe geleiten soll; und noch wohler gemerkt: auf die Melodie des herb-archaischen Chorals »Ach Gott, vom Himmel sieh darein!« Das ist wahr: Elender, erbarmungswürdiger, obsoleter, sakrosankter – und aber schöner *kann* man nicht mehr singen, kann man Schmettern und Brummen nicht parallel laufen lassen! Eigentlich kann Tamino mit diesen beiden Bummeln im Rücken schon nichts mehr passieren – hört er nicht auch schon Pamina? »Jaja«, versichern die Klötze ganz gemütlich, »das ist Paminens Stimme, wohl dir, nun kann sie mit dir gehn« – und dann ganz aufgeregt-feierlich: »Ein Weib, das Nacht und Tod nicht scheut, ist würdig und wird eingeweiht!« Ein Klang von Grabesewigkeit, aber der freundlichsten, lautersten, solidesten – eben geharnischten!
»Nun komm und spiel die Flöte an«, eröffnet Pamina die Feuerprobe, »sie leite uns auf grauser Bahn!« So graus und kraus, unterm Panier

der zwei Geharnischten verliert sie sogleich ihren Schreck. »Wir wandeln durch des Tones Macht«, übernimmt Tamino die hohe tenorale Leitmelodie, »froh durch des Todes düstre Nacht!« Die Geharnischten brummen in Terzen zuerst ganz gelassen die Füllstimmen mit – dann aber passiert etwas ebenso Sensationelles wie Herzzerknitterndes: Nicht Tamino, sondern der 1. Geharnischte ergreift bei der Wiederholung beherzt das Kommando, seine ursprüngliche Begleitmusik avanciert, während Pamina Taminos Phrase aufnimmt, in hoher Tenorlage zum quartettbeherrschenden Tonträger in metallenem Glanz und rücksichtsloser Herrlichkeit!

Wenn an der »Zauberflöte« etwas Humanistisches ist, dann dieses kurze und extrem unauslotbare Quartett. Pamina wird ganz schön schattig dreingeäugt haben. Will dieser Geharnischte etwas mit ihr? Will er musikalisch die Gründung einer Großfamilie in Form einer in sich verschlungenen Vierer-Bande inaugurieren?

Sehr gut könnte ich mir mindestens vorstellen, daß diese beiden taubsten Nüsse aller Opern-Flachpfeifen dereinst im Eigenheim Taminos und Paminas den rechten und den linken Türstock abgeben.

Was noch zu tun bleibt...
Epilog

Viel schon ist getan, mehr noch bleibt zu tun,
sprach der Wasserhahn zu dem Wasserhuhn.
Gernhardt/Bernstein, Besternte Ernte

Weiß Gott. Die Gattung Oper, kokette Kokotte und courtoise Kurtisane, die sie nun einmal auch und vor allem ist (was denn sonst?), auch wenn das gewissen zartbeseelten Saiten nicht passen wird, wird auch dann noch weiterhin weithin *terra incognita* bleiben, wenn das Gröbste an Ignoranz durch diesen Opernführer, Dialektik der Aufklärung auf und nieder, partiell reduzieren sich sollte oder, in Kombination mit der Bildungsarbeit Joachim Kaisers, jedenfalls – jedenfalls ist dieser Satz nicht mehr zu packen.

Unerforscht jedenfalls bleibt z. B. – und ich könnte hier tausend Beispiele auspacken – vor allem noch das Motiv des Pochens (»Don Giovanni«, »Fidelio«, »Bohème« und, wie gesagt, 997 andere); unerforscht bleibt der Sinn der »Frau ohne Schatten«; unerforscht bleibt, welcher segensreiche Dämon Puccini getrieben hat, Musetta ihren Wal-

zer nochmals ins schneeige Morgengrauen hinein trällern zu lassen; und unerforscht bleibt vor allem, wann nun eigentlich der Papst Palestrina flachgelegt hat.
Zumindest unklar bleibt, was bei Mozarts von Goethe (und ein letztes Mal hat er sich in den Opernführer gegaunert!) erwünschter »Faust«-Veroperung herausgekommen wäre; wann F. W. Bernstein endlich seine bereits fragmentarisch existente Pferdeoper zu Ende bringt; warum noch keiner der Opernkomponisten die Liebe zwischen Richard Wagner *(tenore di grazia)* und Mathilde Wesendonck operndingfest gemacht hat — und vor allem für den Erzkommunisten Luigi Nono sähe ich hier eine lohnendere Aufgabe als dieses perpetuierliche proletarische Protzen von wegen *Come una ola de fuerza y luz!* Aber bitte im Puccini-Stil, möglichst *allegro-dolce* und mit vielenvielen *Duetti Celebri!* Luigi!
Ja, vieles bleibt unerfroscht, unklar oder gar unerfröschlich. Mögen also Noch-Größere, Noch-Stupidere, Noch-Unwürdigere nochmals, immer wieder zulangen, am Buch der Oper weiter und weiter zu schreiben, jenem Buch, das wir hiermit immerhin mal dummfeist aufgeschlagen haben. Oder jedenfalls zu.

Werkregister

Adelina 122
Afrikanerin 113
Ägyptische Helena 112
Aida 25, 37, 51, 88, 90, 93, 105, 112, 133, 139, 149, 154, 156 f., 160
Alceste 146
Alessandro Stradella 68
André Chernier 112
Anna Bolena 112
Antigonae 136
Arabella 112, 127, 162
Ariadne auf Naxos 112, 123, 151
Armida 113
Attila 85
Aufstieg und Fall der Stadt Mahagonny 69
Aus einem Totenhaus 69
Ausflüge des Herrn Broucek 69

Bajazzo 112
Barbier von Bagdad 113
Barbier von Sevilla 9, 68, 74, 109, 122
Bastien und Bastienne 10, 81, 122 f., 147
Beatrice 122
Bettelstudent 74
Bohème 25, 46, 59, 74, 94, 96 f., 100, 107, 112, 131, 136, 151, 160, 163
Boris Godunow 69, 113, 160

Capriccio 69, 75, 112
Cardillac 112, 132
Carmen 50, 108 f., 160
Carmina Burana 153
Cavalleria rusticana 112, 160
Cenerentola 68
Corregidor 112
Cosa rara 114
Cosi fan tutte 24, 64 ff., 99, 102, 104, 112, 121, 139, 155

Dämon 113
Dafne 7
Dalibor 113
Daphne 74, 129, 160
Djamileh 112
Doktor Faust 69
Doktor und Apotheker 68, 132
Don Carlos 9, 26 f., 37, 49 f., 69, 79, 82, 88, 90 f., 93 f., 106, 112, 133, 137, 149, 154, 157, 160, 162
Don Giovanni 7, 11 f., 24, 26, 40, 51, 61 f., 88, 99, 101, 103, 109, 114 ff., 132, 142, 144 f., 147, 155 f., 160, 163
Don Pasquale 68, 112, 136
Dreigroschenoper 132
Due Foscari 82
Due Littiganti 115

Edgar 95, 100, 130
Elegie für junge Liebende 113
Elektra 104, 142, 160
Elisabetta 112, 122
Entführung aus dem Serail 46, 68, 73, 102, 123, 155
Ernani 25, 86, 160
Ersten Menschen 113
Esclarmonde 68
Eugen Onegin 49, 107, 113
Euryanthe 74, 106
Evangelimann 138

Falstaff 81, 113, 133
Feuersnot 112, 127, 143
Fidelio 44, 45, 66, 68, 105, 109, 123, 132, 148, 163
Figaros Hochzeit 52 f., 65, 99, 101, 104, 109, 115 ff., 123, 132 f., 136, 142, 147, 155, 160 f.
Finta giardiniera 69
Fledermaus 103, 124
Fliegende Holländer 38, 81, 113, 125, 157, 160
Fra Diavolo 74, 112
Frau ohne Schatten 137, 163
Freischütz 106, 113, 123, 139, 157
Friedemann Bach 138
Fürst Igor 9

Gianni Schicchi 69, 74, 112, 136
Gioconda 27
Götterdämmerung 28, 68, 105, 124, 126, 139, 156 f.
Großherzogin von Gerolstein 112
Guntram 127, 143

Halka 113
Hans Heiling 113

Hänsel und Gretel 133, 134 f.
Harmonie der Welt 69
Heimliche Ehe 132
Heure espagnole 28, 112
Hoffmanns Erzählungen 49, 83, 112, 117, 137, 161
Hugenotten 68, 112

Idomeneo 104, 133, 160
Inganno felice 122
Intermezzo 112

Jenufa 113
Johanna auf dem Scheiterhaufen 137
Jonny spielt auf 32
Josef in Ägypten 112
Jüdin 112
Julius Caesar 21, 112
Junge Lord 136
Jungfrau von Orleans 160

Kluge 133
König für einen Tag 84
Korsar 160

Lakmé 113
Land des Lächelns 155
Leben des Orest 133
Leben für den Zaren 113
Leonore 40/45 68
Liebe der Danae 113
Linda di Chamonix 68, 113
Lohengrin 10, 48, 50, 113, 123, 125 f., 160
Lombardi 86
Louise 112
Lucia di Lammermoor 25, 68, 113, 122, 160
Luisa Miller 25, 133
Lulu 32, 136
Lustige Witwe 108
Lustigen Weiber von Windsor 103, 113

Macbeth 27, 98, 113, 148
Macht des Schicksals 25, 51, 68, 83, 90, 91, 133, 149, 157, 160
Madame Butterfly 94, 113, 136
Madonna Imperia 112
Mädchen aus dem Goldenen Westen 28, 69, 95, 113
Magd als Herrin 123, 161
Manon 9, 112
Manon Lescaut 100
Mantel 112, 131
Margarethe 8, 47, 74, 137
Martha 9, 113
Maskenball 26, 32 ff., 48, 81, 85, 88, 90, 103, 113, 157, 160
Maximilian von Mexiko 113
Mefistofele 68, 137, 160
Meistersinger von Nürnberg 43, 68, 112, 126, 161
Mignon 75
Mona Lisa 112
Moses 7
Moses und Aron 152

Nabucco 86
Nachtigall 137
Nachtlager von Granada 9
Neugierigen Frauen 68, 124
Norma 112, 160

Oberon 68, 74, 113
Oberto 81, 84
Orfeo 26, 113, 139
Orpheus in der Unterwelt 108
Orpheus und Eurydike 106, 146
Otello 25, 37, 51, 69, 74, 81, 85, 91, 106, 113, 139, 150, 157

Palestrina 69, 109, 112, 138, 164
Paradise lost 126
Paresina 122
Parsifal 38, 68, 69, 104, 125, 137, 160
Pelleas und Melisande 69
Pique Dame 113
Porgy and Bess 32, 152
Postillon von Lonjumeau 68
Prophet 112
Prozeß 69

Rake's Progress 136
Raskolnikoff 69
Raub der Lukretia 139
Räuber 82, 133
Regimentstochter 113
Rheingold 30, 31, 68, 113
Rienzi 112, 126
Rigoletto 25, 37, 48, 69, 81, 87 f., 90, 106, 112, 133, 148, 157
Ring des Nibelungen 75 f., 81, 89, 123, 126, 156
Robert der Teufel 112
Roberto Devereux 112
Romeo und Julia 74, 112
Rondine 98
Rosamunde 74
Rose vom Liebesgarten 75
Rosenkavalier 32, 112, 128, 151, 156
Rusalka 61

Salome 132, 138, 140 f.
Samson und Dalila 47, 107, 113
Schauspieldirektor 68
Schlacht bei Legnano 85
Schlaue Füchslein 69
Schmuck der Madonna 112
Schneider Wibbel 68
Schweigsame Frau 113
Schwester Angelica 69, 137
Siegfried 43, 51, 105, 137
Simone Boccanegra 27, 37, 87 f., 112, 133, 160
Sizilianische Vesper 112
Sly 112
Soldaten 133
Stumme von Portici 112
Susannens Geheimnis 124

Tannhäuser 68, 69, 105, 107, 126, 136, 151, 154, 157, 160 f.
Thomaskaja 113
Tiefland 68
Titus 102, 112, 121
Tosca 94, 107, 109, 112, 130, 157, 160
Tote Stadt 9, 113
Traviata 25, 37, 87, 90, 112, 133, 157

Tristan und Isolde 38, 51, 68, 74, 126, 136, 142, 157
Trittico 98
Trojaner 137
Trompeter von Säckingen 8
Troubadour 25, 68, 81, 85, 88, 157, 160, 162
Turandot 28, 74, 95, 100, 113

Undine 68

Vampyr 69, 132
Verkaufte Braut 113, 122, 142
Verlobung im Kloster 69
Vestalin 112
Vida breve 112
Vier Grobiane 124
Vili 98
Violanta 112
Vögel 137
Von heute auf morgen 152

Waffenschmied 9, 112
Walküre 68, 74, 114, 125, 142, 160
Weiße Dame 113
Wenn ich König wäre 113
Werther 112
Wilhelm Tell 113, 132
Wozzeck 69, 152

Xerxes 107

Zar und Zimmermann 9, 113, 151
Zauberflöte 12 f., 59, 68, 81, 103, 115, 122, 142, 147, 162 f.
Zaubergeige 124